KB124432

처음 만나는 호오포노포노

SITH호오포노포노 아시아 사무국
Address 5-16-3-502 Minamiaoyama, Minato-ku, Tokyo, Japan (Zip code 107-0062)
TEL +81-3-6712-6299
FAX +81-3-6712-6294
Homepage hooponopono-asia.org/www/kr
Facebook www.facebook.com/SithHooponoponoKorea/?ref=bookmarks
Instagram www.instagram.com/sith_hooponopono_korea
Kakao Freind ID hooponopono

처음 만나는 호오포노포노

지은이 이하레아카라 휴렌 · KR 여사
옮긴이 조현희
펴낸이 최정심
펴낸곳 (주)GCC

초판 1쇄 발행 2019년 3월 2일
초판 2쇄 발행 2019년 3월 7일

출판신고 제406-2018-000082호
주소 10880 경기도 파주시 지목로 5
전화 (031) 8071-5700 팩스 (031) 8071-5200

ISBN 979-11-89432-95-9 03190

www.nexusbook.com

나를 위한 삶의 실천

처음 만나는
호오포노포노

이하레아카라 휴렌·KR 여사 지음

조현희 옮김

Thank you.
I'm sorry.
Please forgive me.
I love you.

지식의숲

알로하!

"고맙습니다. 미안합니다. 용서하세요. 사랑합니다."
이것은 문제의 진짜 원인을 제거해
완벽하고 아름다운 '진정한 나'로 거듭나게
해 주는 단어입니다.
하와이에서 전해지는 '호오포노포노',
이것은 당신이 지금 이 순간 어디에 누구와 있더라도
항상 당신의 옆에 있어주는 문제 해결법입니다.

거기에서 볼 수 있는 것은
당신이 원래 있어야 할 완벽한 세계.
인간관계도, 일도, 가족도,
당신이 진정한 나로 살아가면
각각의 모든 것들이 원래의 풍요로움으로
회귀합니다.
이 책을 통해 호오포노포노와 당신이
편안하게 만날 수 있기를.

아무쪼록 한 장 한 장 펼쳐 보시기 바랍니다.

나의 평화
이하레아카라 휴렌

호오포노포노
이야기

그림_위스트 폰니밋 Wisut Ponnimit

울고 있니?

힘든 일이 있었니?

좋은 걸 알려 줄게.

호오포노포노라고 알아?

너의 곤란한 일들을 해결해 주는

신기한 힘이 있는 마법이야.

먼 옛날, 하와이에서 태어난

호오포노포노에는 말이야.

정말 근사한 힘이 있어.

고맙습니다.
미안합니다.
용서하세요.
사랑합니다.

이 네 마디 말을 반복하는 것만으로도
'진정한 나'로 거듭날 수 있대.

진정한 나란

무엇일까?

진정한 나로

거듭나게 되면

가장 너답게 빛나고,

너의 속도, 너의 흐름으로
살아갈 수 있어.

낭비되는 일이 없으니 효율적이고
시간에서도, 돈에서도 자유로워져
건강하고 아름답고 즐겁게
살아가는 거야.

고맙습니다.
미안합니다.
용서하세요.
사랑합니다.

마음속으로 네 마디를 반복하는 것을
'정화한다'라고 해.

계속해서 정화하다 보면

환경이나 말, 행동, 정보에 휘둘렸던

너의 여러 기억이 떠올라 힘들어질지도 몰라.

그 괴로움도, 정화해 봐.

너의 솔직한 마음을 점점 알게 될 거야.

'사실은 이렇게 하고 싶어!'

마음속 깊은 곳에서

작은 아이의 목소리가 들려올 거야.

그 작은 아이의 목소리는 사실 또 다른 너야.

우니히피리라고 불리지.

우니히피리는 정말 순수하기 때문에 쉽게 상처받는 존재야.
친절하게 말을 걸어 주고 계속 정화해야
겨우 한마디 진심을 말할 수 있게 돼.

우니히피리와 사이가 좋아져서 조금씩 진심을 듣게 된다면
그건 진정한 나와 가까워지고 있다는 증거야.

진정한 나로 거듭나는 것은

너다움을 끌어내는 거야.

처음에는 짧은 시간이라도 괜찮으니까

시작해 보자.

고맙습니다.
미안합니다.
용서하세요.
사랑합니다.

이 말을 반복하는 것이
너답게 살아가는 시간을 되찾게 해 주고
자유로운 세계를 열어 줄 거야.

제1장

호오포노포노란?

하와이에서 전해지는
문제 해결법

※모르나 나라마크 시메오나 여사 (Morrnah Nalamaku Simeona, 1913~1992)
'카후나 라파아우(kahuna lapa'au)'라 불린 하와이 원주민의 전통 의료 전문가로서, 하와이의 전통적인 문
제 해결법이었던 호오포노포노를 발전시켜 '셀프 아이덴티티 스루 호오포노포노(Self-Identity through Ho'
oponopono, SITH)'를 확립했다. SITH의 지도 교육자로서 전 세계의 의료 시설과 대학 기관 등에서 강연하
였으며, UN(국제연합)에 초빙되어 3회에 걸쳐 트레이닝을 실시했다. 1983년에 하와이 주(州)의 인간문화재
로 인정받았다.

호오포노포노라는 말을 처음 듣는 사람은 그 독특한 발음에 먼
저 흥미가 생겼을지도 모릅니다. 호오포노포노는 수백 년 전부
터 하와이에서 전해지는 문제 해결법이지만, 이름 그 자체에도 의
미가 있습니다. '호오'는 목표이자 길, '포노포노'는 완벽을 의미합
니다. 즉 문제를 올바른 길로 수정하는 '완벽한 길'을 말합니다.

하와이 원주민들은 자신들끼리 어떤 문제가 발생하면 중개자의 도움을 받아 모두가 함께 논의했습니다. 이때 근본적으로 문제를 해결하기 위해 실천했던 것이 호오포노포노입니다.

근본적인 문제 해결법이란 단순히 구체적인 해결책만 몇 개 얻는 게 목적이 아니라, 진정한 의미에서 사람들의 마음에 평화를 되찾아 주는 것이었습니다.

이 책에서 당신에게 소개할 호오포노포노는 '셀프 아이덴티티 스루 호오포노포노(SITH)'입니다. 하와이의 인간문화재가 된 전통의료전문가 고(故) 모르나 나라마크 시메오나 여사가 고대 호오포노포노를 진화시킨 것이지요. 고대 호오포노포노는 여러 사람과의 대화를 통해 문제를 해결했습니다. 하지만 모르나 여사의 호오포노포노는 누군가에 기대는 것이 아닌, 자신의 내면에서 답을 찾아가는 것, 즉 자신의 힘으로 문제를 해결할 수 있는 방법입니다. 게다가 정말로 단순하고 간단합니다. 더 이상 고민하거나 생각할 필요가 전혀 없습니다!

그 누구라도 할 수 있다는 것이 가장 큰 매력입니다.

어떻게 문제를
해결할까?

고민하거나 생각하지 않고도 문제를 해결할 수 있는
호오포노포노에는 기적 같은 힘이 있습니다!

호오포노포노의 문제 해결 방법이란 도대체 어떤 것일까요? 그 열쇠는 잠재의식에 있습니다. 잠재의식이란 우리의 의식 중에서 가장 깊은 곳을 말하며, 무의식이라고 불립니다.

호오포노포노에서는 사람이 생각한 대로 살아가지 못하는 이유를 잠재의식 안에 있는 기억 때문이라고 생각합니다. 기억은 단순히 어릴 때부터 살아온 인생의 추억이나 트라우마만을 말하는 것이 아니라, 우주가 탄생한 순간부터 지금에 이르기까지 삼라만상의 모든 것을 체험한 기억(Memory)를 뜻합니다.

대부분 사람은 일상생활에서 잠재의식을 의식하지 않습니다. 하지만 기억에는 확신, 선입견, 편견, 불안, 슬픔, 분노, 기쁨이라는 여러 감정이 꿈틀거리고 있습니다. 예를 들어 괴로운 기억은 트라우마가 되고, 좋은 기억은 집착이 되어 우리가 올바른 판단을 내리지 못하게 방해하곤 합니다.

모든 문제는 자기 책임

간단하게 말하면 우리 주위에서 발생하는 모든 좋고 나쁜 것들은 모두 먼 과거에서 우리가 체험한 기억의 재생입니다. 이것은 호오포노포노를 이해하는 데 아주 중요합니다.

우리는 일반적으로 무슨 문제가 발생하면 외부에서 범인이나 원인을 찾으려 합니다. 하지만 호오포노포노에서는 내게 일어난 일도, 주변 사람에게 일어난 일도 모름지기 내 책임이라고 생각합니다.

왜냐하면 타인이 경험한 것일지라도 그것을 보거나 들으면 당신 또한 그 경험에 대한 감정이 생깁니다. 예를 들어 친구가 실연당했다고 말했을 때 '안됐다'라고 느꼈다면 그 감정은 잠재의식에 축적된 하나의 기억입니다. 이 감정을 없애지 않으면 몇 번이고 그 경험이 다시 재생됩니다.

의식적으로 납득하기 힘들겠지만 우리는 잠재의식의 기저에서 모두 연결되어 있습니다. 그러므로 나 자신이 아닌 다른 사람이 체험한 것이라도 결국 내 기억이 됩니다.

우리는 알게 모르게 기억에 휘둘리며 살아가고 있다고 해도 과언이 아닙니다. 우리가 생각한 대로 살아가기 위해서는 잠재의식에 축적된 기억을 해방할 필요가 있습니다. 그리고 그 기억을 없애는 방법이 바로 정화(Cleaning)입니다.

2

정화를 시작하면…

당신은 영감을 받은 적이 있습니까?
정화를 지속하면 만날 수 있는 멋진 빛의 존재가 있습니다.

정화의 의미는?

정화(Cleaning)할 때는 정화 도구(Cleaning Tool)라 불리는 여러 종류의 물건을 사용합니다. 정화 도구는 단어나 이미지, 식물, 음식일 때도 있지만 대표적인 도구 하나는 '고맙습니다, 미안합니다, 용서하세요, 사랑합니다'라는 네 마디 말입니다. 이 말을 반복하는 것만으로도 기억은 금세 정화됩니다.

정화를 시작하게 되면 '어떻게 네 마디 말로 기억을 지울 수 있을까?', '딸기를 먹으면 부정적인 기억이 정화되는 이유는 뭘까?' 라는 의문이 들고, 그 이유를 알고 싶겠지만 그다지 의미는 없습니다.

믿든 안 믿든 정화를 거치면 기억은 자연스럽게 지워지기 때문입니다. 반신반의하면서 정화했더라도 어느 날 갑자기 마음이 가벼워질 수 있습니다. 지금까지 얽매였던 일들이 대수롭지 않은 일이 되기도 하고, 예기치 않게 문제가 좋은 쪽으로 풀리는 경우도 생길 것입니다.

그 이유는 본래 누구나 가지고 있는 영감(Inspiration)의 힘이 작용하기 때문입니다.

우리는 기억에 휘둘려 살고 있지만 때때로 혼돈 상태인 기억의 틈으로부터 빛이 들어오는 경우가 있습니다. 이것이 바로 영감입니다.

예를 들어 당신은 어떤 이유에서든 궁금증이 생겨서 이 책을 손에 들고 있습니다. 내게 필요한 무언가를 이 책에서 찾을 수 있을지도 모른다는 영감을 받았기 때문입니다.

문득 '잘 지내고 있나?'하고 생각했던 친구를 우연히 길에서 딱 마주친다거나, 그 친구에게서 전화가 걸려 온다거나 하는 경험이 있지 않나요? 이렇게 영감은 완벽한 타이밍에 오는 알림과도 같은 것입니다. 정화 도구도 영감이 가져온 존재이기 때문에 이론으로 설명하기는 어렵습니다.

계속 정화해서 영감을 많이 받아들일 수 있다면, 바라지 않아도 당신에게 필요한 것이 눈앞에 저절로 나타나게 될 것입니다.

'사과가 먹고 싶다'하고 생각하면 일부러 마트에 사러 가지 않아도 초인종이 울리며 사과가 배달되는 식입니다.

'그런 일은 불가능하다!'라고 생각할지 모르지만 완벽한 알림의 순간을 알아차리지 못하는 건 잠재의식이 기억으로 가득 차 있기 때문입니다.

한편 영감을 부여하는 것은 우리의 자아(Self) 위에서 빛나는 신성한 존재(Divinity)입니다.

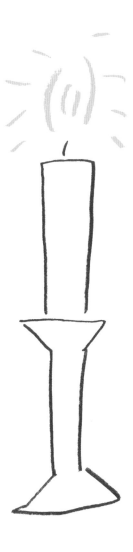

3

정화의 구조

정화를 하면 우리의 의식 속에서는 어떤 변화가 일어날까요?
정화의 구조를 알아봅시다!

세 가지 자아와 신성한 존재

여기에서는 우리의 의식에 대해 설명합니다.

우리 마음에는 자아(Self)라고 불리는 세 가지 의식이 있습니다. 호오포노포노에서는 자아를 피라미드의 형태(39쪽 참조)로 나타내고 있습니다.

가장 아래에 잠재의식인 우니히피리, 그 위에 표면의식인 우하네, 그 위에 초의식인 아우마쿠아가 있습니다. 피라미드의 위에는 신성한 존재(Divinity)가 있죠. 신성한 존재는 신과 우주, 크나큰 자연, 생명의 원천을 의미합니다.

앞서 사람이 생각하는 대로 살아가지 못하는 이유는 잠재의식, 즉 우니히피리의 안에 있는 기억 때문이라고 설명했습니다.

대부분 사람들은 일상 속에서 우하네만을 인식하지만 우리가 안고 있는 문제와 감정을 재생, 표현하는 것은 우니히피리입니다.

우니히피리는 이 세계가 만들어질 때부터 모든 기억이 보관되어 있는 우주의 데이터 뱅크 같은 존재이기 때문에 그 기억의 양은 헤아릴 수조차 없으며, 기억은 정화되지 않는 한 몇 번이고 재생됩니다.

옷으로 가득 찬 옷장을 전혀 정리하지 않은 채, 계속해서 새로운 옷을 채워 넣는다면 어떻게 될까요? 옷장은 문이 닫히지 않을 정도가 되어 어디에 어떤 옷이 있는지 알 수 없게 됩니다. 사람의 마음도 같습니다. 이런저런 감정과 사건들을 받아들이기만 하고 정화하지 않으면 마음은 점점 무거워져 문제를 해결하기가 힘들어집니다.

'나'의 의식 구성
세 가지 자아와 신성한 존재

신성한 존재
(Divinity)

신성한 존재에는 기억 제로인 공간이 방대합니다.
중요한 것은 모름지기 우리 인간 안에 신성한 존재가 있다는 말입니다.

초의식
(아우마쿠아)

신성한 존재에 가까워졌을 때 갖게 되는 의식으로, 신성한 존재와 의식을 묶어 줍니다.

표면의식 (우하네)

우리가 인식하고 있는 마음과 머릿속 상태. 우리는 표면의식에 바탕을 두고 밥을 먹거나 이야기를 하거나 일을 합니다.

잠재의식 (우니히피리)

방대한 기억 데이터가 축적되어 있습니다.
사람은 자기도 모르는 사이 기억에 농락당하고 움직입니다.

정화 = 우니히피리 관리

정화하기 전의 세 가지 자아를 나타낸 42쪽 그림을 보십시오. 많은 기억을 쌓아 두어서 우니히피리는 너무나도 괴로운 상태입니다. 우니히피리에 대해서는 다음 장에서 자세히 설명하겠지만, 우니히피리를 관리해 조금이라도 편안해지는 것이 정화이고 문제 해결의 첫 걸음입니다.

정화의 시작은 우리가 일상에서 인식할 수 있는 의식, 즉 표면의식인 우하네입니다. 우하네는 정화를 통해 우니히피리를 돌보는 어머니와 같은 존재입니다. 정화 의지가 우하네에서 우니히피리에게 도달하면 우니히피리는 그것을 아우마쿠아에 연결합니다. 아우마쿠아는 우니히피리의 아버지 같은 존재이자 유일한 신성한 존재인 '신성'에게 우니히피리의 정화 움직임을 전달할 수 있습니다. 신성은 아우마쿠아에게 전달받은 정화에 따라 기억을 지워 줍니다.

이렇게 정화 의지가 '우하네(표면의식) → 우니히피리(잠재의식) → 아우마쿠아(초의식) → 신성한 존재'로 이어지며 기억이 지워지는 것입니다.

하지만 셀 수 없이 많이 정화했어도 기억이 완전히 정화되지는 않습니다. 정화는 살아가는 동안 계속됩니다.

어떤 상황에서도 현실적인 대응은 필요합니다. '정화를 하면 나쁜 일은 생기지 않는다'라는 말이 아닙니다. 병이 나면 병원에 가야 하고 범죄에 말려들었다면 경찰을 불러야 합니다. 그러나 정화가 습관이 되면 불필요한 문제를 미리 방지할 수 있거나 최적의 해결책이 주어집니다.

모든 문제에서 해방되고 싶다는 욕심에 너무 많은 고민과 생각을 하는 것은, 오히려 기억을 겹겹이 쌓아 올려 우니히피리를 더욱 괴롭히는 행위입니다. 분명히 말해서 쓸데없는 행위입니다. 그보다는 정화를 실천해서 매일매일 기억을 청소하는 편이 좋습니다.

저마다 마음이 뿔뿔이 흩어져 조화롭지 않은 상태입니다.

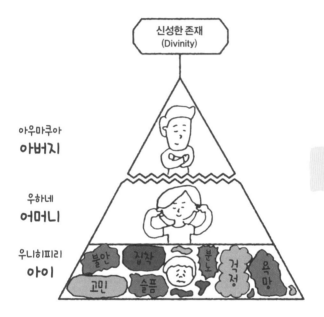

우니히피리는 기억을 재생하여 계속해서 도움을 요청합니다.

기억이 재생될 때 우하네와 우니히피리는 아우마쿠아와 단절됩니다. 또 우하네에게는 우니히피리의 목소리가 닿지 않으며 들으려고 하지도 않습니다.

아우마쿠아에는 잠재의식에 있는 기억도 표면의식에 있는 인식도 전혀 없습니다. 의식에서 무엇이 일어나는지 알지 못해 아무것도 할 수 없는 상태입니다.

아우마쿠아의 정화 의지가 신성한 존재에게 도달하지 않으면 신성한 존재는 영감을 줄 수 없습니다.

정화 후

정화를 계속하면 우니히피리는 자유로워지고 신성한 존재의 영감을 받은 인생은 자연스럽게 흘러갑니다. 필요한 것을 제때 얻고 문제가 생겨도 금방 해결되는 등 더 좋은 결과를 얻습니다. 본래 우리가 가진 빛을 발휘할 수 있습니다.

① 우하네(표면의식)가 정화를 시작합니다.

② 우니히피리(잠재의식)가 기억의 정화 의지를 아우마쿠아(초의식)에게 전달합니다.

③ 아우마쿠아(초의식)가 정화를 신성한 존재에게 전달합니다.

④ 신성한 존재는 기억을 지우고 영감을 줍니다.
영감은 무의식 수준에서 당신이 바라는 것을 이루어 주는 힘입니다.

4

'진정한 나'란?

정화를 계속하면 만날 수 있는 진정한 나,
진정한 자유에 대해 알아봅시다.

제로 = '진정한 나'

기억이 가득 찬 마음 상태는 뿌옇게 흐린 유리로 비유할 수 있습니다.

기억으로 인해 마음이 흐려졌다면 신성한 존재가 영감을 주고싶어도 그 빛을 감지할 수 없게 됩니다. 흐릿함이 짙으면 짙을수록 우리는 빛에서 멀어질 뿐입니다. 정화를 통해 흐릿함이 걷히면 눈부신 빛을 받을 수 있습니다.

계속 정화하면 우리 의식은 제로(Zero) 상태에 가까워집니다. 제로라는 감각은 불교에서 말하는 '비움(空)'의 경지를 떠올리면 쉽게 이해할 수 있을 것입니다.

제로야말로 '진정한 나'로 돌아간 상태입니다. 나 자신이 제로 상태라는 것은 어떤 기대와 집착 없이 모든 가치관으로부터 자유롭게 살아갈 수 있다는 뜻이기 때문입니다.

제로 상태라는 목표에 도달하는 것이 호오포노포노의 이상(理想)입니다.

마음의 유리가 흐려진 채로는 아무리 시간이 흘러도 진정으로 행복할 수 없습니다. 정화의 반복을 통해 마음의 유리를 깨끗하게 유지하는 것이 본래의 나 자신으로 거듭나 행복해지는 길입니다.

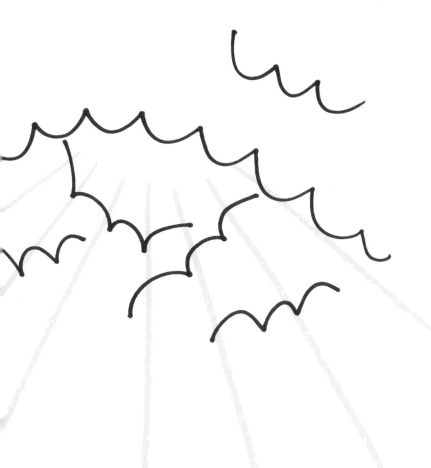

5

정화 방법은?

잠재의식은 지금 이 순간에도 세기를 초월해 쌓아 온
방대한 기억을 재생하고 있습니다
바로 정화를 시작해 봅시다!

기대하지 않는다

정화 방법은 아주 간단합니다. 어떤 곤란한 문제가 생겼을 때, '기억의 재생'이라는 사실을 받아들이고 당신의 우니히피리에게 이야기하는 것입니다. '고맙습니다, 미안합니다, 용서하세요, 사랑합니다'라고 반복합니다.

우니히피리는 문제의 원인이 되는 기억을 찾아내고 신성한 존재는 정화를 실행합니다. 주의해야 할 일은 눈에 보이는 성과를 기대하며 정화하는 것입니다.

'성공하게 해 주세요', '빨리 일자리를 구하게 해 주세요', '저런 사람은 어디론가 사라져 버렸으면……' 등의 자신을 위한 기대나 바람은 쓸데없는 기억을 만들어 낼 뿐입니다.

'정화하면 모든 일이 괜찮아질 거야'라는 정화에 대한 기대야말로 가장 정화해야 하는 기억입니다.

열심히 정화하는데 여전히 잘 안 풀린다며 초조해하는 사람도 있습니다. 열심히 하면 어떻게든 될 거라는 확신과 초조함도 새로운 기억을 만들어 냅니다. 병으로 고통받는 사람을 도와주는 일처럼 타인의 행복을 바라는 것이라도 말입니다.

본래 정화를 하면 사람은 완벽한 존재로 거듭납니다. 바라거나 기대하지 않아도 본래의 능력이 자연스럽게 발휘되고, 하는 일은 좋은 방향으로 흘러갑니다.

정화란 소원이 이루어지는 게 아니라 '진정한 나'로 거듭나는 것입니다. 그리고 진정한 나는 그 어떤 것에도 마음이 현혹되지 않는 자유로운 제로 상태와 같습니다.

당신이 제로가 되었을 때 당신에게 가장 어울리는 순간에 행복이 옵니다. 당신에게 필요한 것은 사심 없는 정화뿐입니다.

6

정화합시다!

이제부터는 대표적인 정화 도구를 소개하겠습니다.
정화는 하루아침에 이루어지지 않습니다!
사심 없이 근성을 가지고 계속합시다.

네 마디 말

언제 어디서라도 네 마디 말

이미 소개했지만 호오포노포노의 가장 간단한 네 마디 말부터 자세하게 설명하겠습니다.

'고맙습니다, 미안합니다, 용서하세요, 사랑합니다'를 반복해서 말하면 과거의 기억은 사라지고 제로 상태에 가까워집니다. 정화 도구는 현재 80개가 넘지만 본래 이 네 마디 말을 실천하는 것만으로도 충분합니다.

네 마디 말을 반복하는 순서는 정해진 게 아닙니다. 자신이 좋아하는 순서여도 상관없고 소리를 내지 않고 마음속으로만 반복해도 좋습니다. 시간대도 자유입니다.

고맙습니다, Thank you.

I'm sorry. 미안합니다,

용서하세요, Please forgive me.

I love you. 사랑합니다,

규칙은 없습니다. 생각나는 대로 반복하세요. 이 네 마디의 뜻을 깊게 이해할 필요도 없습니다. 계속 읽기만 하면 잠재의식은 저절로 그 의미를 받아들여 기억을 정화해 줍니다.

우니히피리에게 반복해 말하자

'대체 누구한테 이야기하는 거야?', '누구를 사랑한다는 거야?', '뭘 용서해?' 네 마디 말을 처음 알게 된 사람 중에는 이런 의문을 품는 사람도 있겠지요. 네 마디 말은 내 안의 우니히피리에게 이야기하는 것입니다.

인생에서 일어나는 모든 사건은 잠재의식 안에 있는 기억과 연관되어 있습니다. 병에 걸리는 것도, 회사가 도산해 경제적으로 힘들어지는 것도, 연인과 잘 풀리지 않는 것도, 모두 기억의 재생입니다. 머나먼 과거에서 '병에 걸렸던 기억', '회사가 도산해 생활이 궁핍해졌던 기억', '연인과 싸웠던 기억'이 계속 이어져 재생되어 지금도 괴로운 것입니다. 모든 일이 100% 내 책임이라며 자신을 질책하지 마세요. 어떤 일이라도 기억의 재생으로 가볍게 받아들이고 첫째도, 둘째도 정화합니다. 이미 발생한 문제라면 부정적으로 받아들일 게 아니라 잠재의식에서 정화할 기회를 얻었다고 생각해 보세요.

'사랑합니다'로 충분하다

돌발적인 문제가 생기면 정화하는 일을 깜빡 잊고 감정적으로 반응하거나 풀이 죽는 경우도 생깁니다. 그래도 괜찮습니다. '또 화냈네', '심한 말을 해 버렸어'라며 나중에 생각날 때가 분명 있을 겁니다. 그때가 바로 정화의 기회입니다.

네 마디 말을 반복하는 게 힘들다면 '사랑합니다'만 해도 상관없습니다. '사랑합니다'에는 다른 세 가지 말의 뜻이 포함되어 있습니다. 무리하게 감정을 이입할 필요는 없기 때문에 이론이나 논리를 생각하지 말고 기계적으로 '사랑합니다'를 중얼거려 보세요. 혹시 '사랑합니다'라는 말이 쑥스러워서 '고맙습니다'를 하는 게 낫다면 그것도 괜찮습니다. 말에 따라 효과가 달라지지는 않습니다. 조금씩이라도 좋으니 정화를 습관화하면 틀림없이 평온한 마음을 얻을 수 있을 겁니다.

결코 억지로 노력하거나 일부러 네 마디 말을 되뇌지 않길 바랍니다. '말해야만 해'라는 생각은 스트레스가 되어 다시 새로운 기억으로 저장됩니다. 모처럼의 정화가 의미 없어지는 건 아까운 일이지요.

처음에는 어떤 문제가 생겼을 때만 네 마디 말을 반복해 말하는 것도 좋습니다.

언제 어디서라도, 어느 때라도 알아차린 순간 아무 생각 없이 네 마디 말을 반복하는 것이 이상적입니다.

②

HA 호흡법

기대와 죄책감을 정화할 수 있다

HA(하) 호흡법은 아무 때나 틈틈이 할 수 있는 정화 도구 중 하나입니다.

'HA'는 HAWAII(하와이)의 앞 글자로 '신성한 영감'을 의미합니다. 다시 말해 신성한 영감을 받아들이고 생명의 에너지를 활성화시켜 주는 호흡법입니다.

HA 호흡법은 불필요한 집착과 기대, 고민에서 해방해 주는 데 효과가 있습니다. 돈, 인간관계, 일 등등 모든 것에 적용할 수 있습니다.

예를 들어 돈의 경우 '돈이 더 있었으면 좋겠다'라는 집착과 '돈에 집착하다니 세속적이야. 더러워'라는 죄책감, '돈을 내는 사

람이 훌륭해'라는 황금만능주의적인 생각 등, 모두 각자 기억의
체험 방식이 달라 안고 있는 문제도 다양합니다.

그런데 이 문제의 해결 방법은 돈을 많이 버는 것도, 돈을 절약
하며 생활하는 것도 아닙니다. 정화가 필요합니다.

HA 호흡법은 '고맙습니다, 미안합니다, 용서하세요, 사랑합니
다'라는 네 마디를 반복하기 전에 하는 것이 가장 좋습니다. 본래
의 나 자신으로 돌아가기 위한 마음속 환경을 정리해 주기 때문
입니다.

큰소리를 내며 누군가와 싸웠던 공간, 긴장감이 감돌던 회의
실 등에서는 공간, 벽, 가구, 식물이 모두 그 상황을 함께 체험합
니다. 이러한 장소에서도 HA 호흡법을 실천하면 환경이 정돈되
어 제로에 가까워질 수 있습니다.

조용한 환경에서 호흡에 집중할 수 있다면 더욱 좋겠지만 그런
환경을 만드는 게 어려울 때는 마음속으로 HA 호흡법을 하는
상상만으로도 효과가 있습니다.

HA 호흡법 익히기

① 등을 펴고 의자에 앉습니다. 다리는 가지런히 바닥에
붙입니다. 등은 선조(先祖)과, 발바닥을 바닥에 붙이는
것은 대지(大地)와 연결하는 것을 의미합니다.

각각의 손가락이 의미하는 것

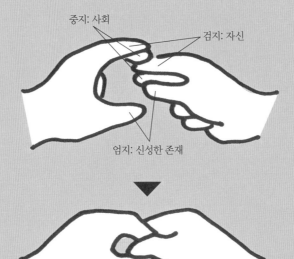

중지: 사회

검지: 자신

엄지: 신성한 존재

② 무릎 위에 양손을 올려 두고 그림과 같이 엄지와 검지, 중지로 원을 만들어 양손을 교차시켜 잡습니다. 원은 떨어지지 않도록 단단히 맺습니다. 다른 손가락은 편안한 상태로 둡니다.

③ 자신의 페이스에 맞춰 마음속으로 1, 2, 3, 4, 5, 6, 7을 세면서 코로 공기를 들이마십니다.

④ 들이마셨다면 7초간 숨을 멈춥니다.

⑤ 7까지 세면서 천천히 코로 숨을 내뱉습니다.

⑥ 다시 7초간 숨을 멈춥니다.

③～⑥을 한 세트로 7번 반복합니다.
편안한 마음으로 해 봅시다.

3

블루 솔라 워터

나쁜 기억을 정화할 수 있다

블루 솔라 워터는 파란 유리병과 물, 태양빛으로 만들 수 있는 정화 도구입니다. 부정적인 기억을 정화해 주는 '기적의 물'이라 불리기도 합니다. 가정에서 수돗물로 만들 수도 있고, 그냥 마시거나 요리에 사용하는 등 보통의 물처럼 사용할 수 있습니다.

블루 솔라 워터 만드는 법

| 준비할 것 |

파란 유리병

구할 수 없는 경우에는 파란색 셀로판지를 감아서 사용해도 괜찮습니다.

뚜껑

금속제가 아닌 것을 준비합니다. 플라스틱, 코르크, 유리 등. 없는 경우에는 랩을 씌워 고무줄로 꽉 묶습니다.

물

수돗물이나 생수

| 만들기 |

① 파란 유리병에 수돗물 또는 생수를 담습니다.

② 물을 넣고 병뚜껑을 닫아 태양빛이 닿는 곳에 두고 30분에서 1시간 동안 방치합니다. 구름이 낀 날이나 비가 오는 날이어도 빛은 받을 수 있기에 맑은 날과 같은 효과를 얻을 수 있습니다. 백열등 아래에 두는 것도 괜찮지만, 형광등에서는 효과가 없습니다.

※ 외출해서 블루 솔라 워터를 마시고 싶은데 마실 수 없을 때는 마시는 상상만으로도 효과가 있습니다.

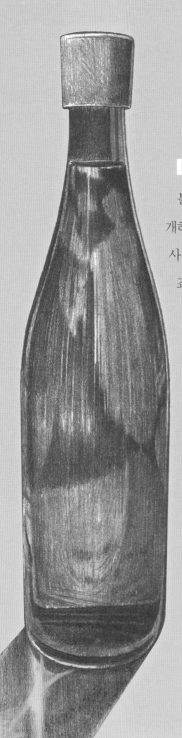

다양한 사용법

　블루 솔라 워터의 편리한 사용법을 소
개하겠습니다. 당신의 영감에 따라 새로운
사용법을 발견하는 것도 즐거운 일이겠
죠. 물은 되도록 빠른 시일 내에 사용할
것을 권장합니다.

음료수로 또는 요리에

완성한 블루 솔라 워터는 다른 용기에 옮겨도 괜찮습니다.
그대로 마시는 것은 물론, 음료나 요리에 몇 방울 넣는 것만으로도 효과적입니다.
애완동물 식수로도 좋습니다. 차갑든 따뜻하든 효과는 변하지 않습니다.

청소나 세탁에

세탁기에 블루 솔라 워터를 넣거나 매일 청소할 때도 사용하는 것을 추천합니다.

목욕에

뜨거운 물이 담긴 욕조에 몇 방울 넣거나 머리를 감을 때 쓰거나 아침저녁 세수 혹은 양치질에 사용하세요.

책상 주변에

일이나 공부하는 책상 위에 블루 솔라 워터를 4분의 3 정도 넣은 컵을 올려 두면 자동으로 정화해 주어 집중력이 향상됩니다.

컴퓨터의 기억을 정화하는 효과도 있습니다..

심리 안정에

마음이 불안하고 컨트롤이 어려울 때는 블루 솔라 워터에 신선한 레몬즙을 1~2 방울 첨가하여 마시면 좋습니다.

기본 정화 도구

④

아이스 블루

여러 '아픔'을 정화할 수 있다

마음속으로 '아이스 블루'라고 말한 다음, 주변에 있는 식물을 만져 보세요. 식물의 순수한 기운의 힘 덕분에 기억이 지워집니다.

아이스 블루는 고통에 관한 기억의 정화를 도와줍니다.

병이나 상처 등 육체적인 고통뿐만 아니라 영적, 물리적, 경제적, 물질적인 마음의 고통, 참혹한 학대, 언어폭력에 관한 기억도 정화해 줍니다.

생화를 가위로 다듬어 꽃병에 꽂을 때도 '아이스 블루'라고 말하면 식물이 고통을 느끼지 않습니다.

아이스 블루는 빙하의 물 색깔을 의미하지만 자신이 상상하

는 색을 떠올리면서 식물을
만지거나 자신이 겪고 있는 문제에 대해 마음
속으로 중얼거려도 좋습니다.
　식물을 압화(押花)로 만들어 지갑이나 수첩에 끼워두
는 것만으로도 정화 효과를 볼 수 있습니다.

주병야자

(보틀 팜)

뿌리가 항아리 같은 모양이라 항아리 나무라고도
불리는 주병야자. 주병야자를 만지면 돈과 관련한
문제를 정화할 수 있습니다. 주병야자를 가까이에
두면 요술방망이처럼 돈이 흘러 들어온다는 의미
가 아닙니다. 돈을 버는 게 목적이 아니기 때문입
니다. 주병야자를 만져서 정화가 이루어지면 신성
한 존재에게 영감을 받을 수 있습니다. 영감에 따
라 살아간다는 건 만물의 조화를 길러 필요한 때
에 필요한 만큼의 돈이 흘러오는 것을 말합니다.

은행나무 잎

식물 중에서도 은행나무 잎을 만지면서
'아이스 블루'라고 말하면, 몸속 장기인
간이 겪는 문제의 기억에 작용해 독소가
되는 기억을 제거해 줍니다. 또한 고민과
분노의 기억을 저절로 없애 줍니다.

⑤

취소의 X

중독, 폭행, 파괴와 관련된 기억을 정화할 수 있다

걱정거리가 있거나 어떤 문제가 생겼을 때 그 생각에 강하게 사로잡혀 버린다면, 그 생각을 마음속으로 'X(엑스)'라고 상상하거나 자신의 잠재의식 안에 있는 기억을 'X'라고 말해 사고(思考)를 멈추는 방법이 취소의 X입니다.

X는 중독, 폭행, 파괴와 관련된 기억을 없애는 힘을 갖고 있습니다. 사고의 궤도를 수정하고 시간 축을 거슬러 올라가 트라우마가 되어 버린 경험을 올바른 장소와 시간으로 되돌려줍니다.

X는 마음을 진정시켜 정화에 집중할 수 있도록 해 주기 때문에 다른 정화 도구의 효율을 높이는 효과도 있습니다.

인간관계도 마찬가지입니다. 상대방이 나를 미워하지 않을까, 잘 지내고 있을까 하는 걱정과 불안을 느끼는 상대가 있다면, 상대방의 명함이나 그 사람에게 받은 물건 등에 손가락으로 X를 해 보세요. 불안을 일으키는 기억이 정화됩니다.

음식

나쁜 음식이나 나쁜 섭취 방법은 없다

호오포노포노에서는 어떤 음식일지라도 나쁜 음식이나 나쁜 섭취로 보지 않습니다. 음식이나 섭취 방법 때문에 정화가 방해받지는 않습니다.

혹시라도 음식 때문에 건강을 해쳤다고 생각한다면 그것은 음식이 아니라 음식에 대한 기억 때문입니다.

예를 들어 농약을 사용해 재배한 채소는 영양가가 낮다, 패스트푸드는 첨가물 덩어리라 위험하다, 밤 8시 이후에 먹으면 살찐다고 믿고 있다면 그 생각이 식사에도 영향을 미칩니다.

또 다른 예를 들어 보겠습니다. 다이어트 때문에 평소 지방과 설탕을 먹지 않는데 이러한 상황에 친구가 직접 만든 케이크를 가지고 놀러 왔습니다. '기분은 좋지만 다이어트 중인데, 설탕도 버터도 엄청 들어간 것 같은데, 먹으면 다시 체중이 늘어나겠지' 하며 마음속으로 걱정하지는 않나요? 정말로 케이크는 다이어트에 나쁠까요? 먹기 전에 '먹으면 살쪄'라는 부정적인 기억을 '식사할 수 있어 감사합니다. 살찔 거라고 생각해서 미안합니다. 사랑합니다'라고 정화하면 기쁘게 먹을 수 있습니다.

우리는 음식이 없으면 살아갈 수 없습니다. 좋고 싫음과 관계없이 귀중한 동식물의 생명을 섭취하며 살고 있습니다. 저항감을 느껴도, 느끼지 않아도 식사 전에 음식과 음식을 만들어준 사람에게 '고맙습니다'라고 감사의 말을 전해서 정화합시다. 어떤 음식이든, 어떤 섭취 방법이든 건강이 좋아질 수 있도록 해 줄 것입니다.

다섯 가지 맛있는 정화 도구

먹기만 해도 정화의 힘을 발휘하는 기적의 음식을 소개합니다!

바닐라 아이스크림

골똘히 생각할 때 먹으면 좋습니다. 생각한다는 것은 어떤 방법으로든 축적된 기억이 밖으로 나오는 것입니다. 생각으로 인한 기억의 축적과 이미 가지고 있던 기억을 동시에 정화해 줍니다.

면류

끊임없는 굴레, 실타래처럼 엉켜 버려 어려워진 문제를 풀어 줍니다.

껌

사고와 관념 등 지나치게 생각하는 마인드를 정
화해 줍니다.

딸기

기억을 비워 줍니다. 생으로든, 말린 상태로든.
요리나 과자를 만들 때 사용해도 상관없습니다.
잼으로 만들어 빵에 바르거나 아이스크림에 넣
어 먹어도 효과는 변하지 않습니다.

코코아

초조한 감정과 돈에 관한 기억을
정화해 줍니다.

⑦

그밖의 것들

매일 반복되는 일상 속 가정, 일터, 학교에서 실천하기 쉬운 간단한 정화 도구 네 가지를 소개합니다.

지우개 달린 연필

지우개 달린 연필을 깎지 않은 채 준비해 '물방울(dewdrop)'이라고 말합니다. 그 다음에 문제를 적은 문장을 지우개 달린 연필로 덧쓰면 부담이 되는 기억이 정화됩니다.

협의 자료, 업무적인 서류에도 효과적입니다.

연필심의 색상은 상관없습니다.

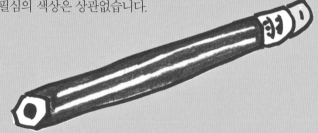

Peace of I

휴렌 박사는 이메일을 보낼 때 마지막 문장에 반드시 'POI'라고 적습니다.

이 단어는 'Peace of I'의 줄임말로 내 안에 존재하는 평화, 즉 어떤 것에도 영향받지 않는 완전히 평온한 마음의 상태를 나타냅니다.

이메일에 들어간 모든 생각과 감정을 정화합니다.

집으로 돌아가는 상상

일하는 중이거나 시험을 볼 때 실패할까봐 불안감을 느낀다면 집에 무사히 돌아가는 상상을 합니다.

불안과 염려의 기억을 정화할 수 있습니다.

집에서 가장 편하게 느껴지는 곳이나 현관을 열어 따뜻한 가족이 맞아 주는 장면, 집 창문에서 보이는 좋아하는 경치 등을 상상해도 좋습니다.

시포트(Ceeport) 카드

지갑 속에 넣어 두면 쓰는 돈도, 들어오는 돈도 정화해 주는 클리닝 카드입니다.

책이나 노트, 서류 사이에 끼워 두면 방대한 내용 가운데 내가 필요로 하는 정보에 대한 영감을 받을 수 있습니다.

※SITH호오포노포노 아시아 사무국 홈페이지에서 구입할 수 있습니다.
http://hooponopono-asia.org/krshop/product-category/ceeport/

레몬, 레몬

KR 여사의 메시지

이 책을 쓰는 과정에서 새롭게 나타난 정화 도구가 있습니다.
바로 '레몬, 레몬'입니다.
마음속으로 또는 실제로 '레몬, 레몬' 하고 말합니다.
　정화를 통해 탐욕으로 똘똘 뭉쳐 있던 기억의 코드가 차례로
풀리며 셀프 아이덴티티 스루 호오포노포노(SITH)의 과정에 자
연스럽게 녹아들어 지워지고 해방될 것입니다.

　한창 이 책을 정화하던 때였습니다.
　이 책과 관련된 멤버들과 미래의 독자 여러분이 이 도구를 사
용해 각자의 문제를 정화하는 과정에서 본래의 갓 태어난 것 같

은 '제로'의 존재를 떠올리며, 신선한 산들바람이 자신과 관련된 모든 존재와의 사이에서 끊임없이 흘러나오는 듯한 비전을 보았습니다.

어떤 문제에 빠졌을 때 혹은 별다른 문제가 없을 때, 예를 들어 산책하는 도중에 마음속으로 '레몬, 레몬'이라고 중얼거려 보세요. 원래부터 당신 안에 있던 온화함이 조금씩 거듭나게 될 것입니다.

여러분 덕분에 소중한 정화 도구와 만날 수 있었습니다. 감사합니다.

KR 여사 인터뷰

KR 여사는 대자연 속에 둘러싸인 하와이에 살고 있습니다.
19살에 호오포노포노와 만나 세상에서 가장 오랜 시간
정화하고 있는 정화 전문가입니다.
호오포노포노라는 미지의 문 너머에 있는,
당신이 당신답게 빛날 수 있는 세계를 알려 주었습니다.

카마일리 라파엘로비치(KR)
SITH 호오포노포노의 창시자, 고(故)
모르나 여사의 첫 번째 제자. 45년
이상 계속 정화하고 있다. MBA(경영
학 석사)와 MAT(마사지 테라피스트 자
격) 자격을 가지고 있으며, 하와이에
서는 부동산업에 종사한다. 호오포
노포노를 사용해 개인이나 경영자
컨설팅, 보디워크(Bodywork), 일본
전역에서 호오포노포노 강연 활동
을 시행하고 있다.

정화를 시작한 순간부터
당신은 당신 자신으로 거
듭납니다.

영감에 이끌려

알로하!

카마일리 라파엘로비치입니다. 간단하게 KR(케이알)이라고 불러 주세요. 하와이 오아후(Oahu)라는 섬에서 두 마리의 개와 네 마리의 거북이, 몇백 마리의 물고기들과 살고 있습니다. 나는 셀프 아이덴티티 스루 호오포노포노(SITH) 재단 대표로, 호오포노포노를 사용한 보디워크와 개인 컨설팅, 하와이 부동산 일을 하고 있습니다.

하와이에 와서 며칠 뒤, 오아후 비치를 산책하고 있었는데 한 여성이 다가와 소개해 주고 싶은 사람이 있다며 말을 걸어왔고, 그때 소개받은 사람이 모르나 여사였습니다.

이렇게 말하면 사람들은 대개 '처음부터 특별한 힘이 있는 사람이었구나'라고 말합니다. 하지만 특별한 것은 내가 아닙니다. 모르나 여사는 필요한 물건과 사람을 완벽한 타이밍에 만날 수 있는 사람이었습니다. 항상 정화를 통해 영감 속에서 살고 있었다고 생각합니다. 나는 그저 모르나 여사 쪽으로 점점 끌려왔을 뿐입니다.

나답게 살아가기 위해 매일 모든 일을 정화했습니다. 그리고 지금 이렇게 독자 여러분에게 호오포노포노를 소개하는 기회를 얻었습니다. 정말로 아름다운 선물이라고 생각합니다.

모르나 여사와 처음 만났던 그때는 지금처럼 호오포노포노의 형식이 갖추어지지 않았습니다. 모르나 여사 옆에서 명상하거나 전 세계에서 방문해 준 고객들의 보디워크를 돕는 등 매일 함께 시간을 보냈을 뿐입니다.

모르나 여사가 하는 말은 언제나 머리로 깨닫는 것이 아닌, 본래 내가 어딘가에서 알았던 것처럼 느껴졌습니다. 살아가는 데 꼭 필요한 영양과 같은 느낌이라 자연스럽게 마음속으로 받아들일 수 있었습니다.

그때부터 호오포노포노의 프로세스(Process)가 하나둘 태어났습니다. 그로부터 45여 년간 나는 계속 호오포노포노를 해 오는 중입니다.

정화와 육아

호오포노포노란 말하자면 '진정한 나'로 산다는 뜻입니다. 여러분이 호오포노포노와 만나 인생에서 정화를 실천하려 할 때, 눈에 보이지는 않아도 이 세계 전체, 우주 전체가 '안녕!' 하며 팔 벌리고 있는 상태입니다. 그 순간에 딱 맞는 인간관계, 건강, 풍요로움을 당신에게 건네줍니다.

당신이 문제를 100% 책임지려고 할 때 당신 이외의 모든 것이 사라집니다. 당신 안의 오래된 기억들을 전부 하나씩 정화하면 본래 가지고 있는 반짝반짝 빛나는 흐름으로 거듭날 수 있습니다.

내 이야기를 조금 더 하겠습니다. 나는 20대 초반에 싱글맘이 되어 힘든 일도 겪었지만 매일 충실하게 살았습니다.

갓 부모가 되었을 무렵, 모르나 여사는 '아이는 순식간에 자라니까 지금을 즐기렴' 하고 말해 주었고, 힘든 일들도 많았지만 덕분에 나는 육아를 즐길 수 있었습니다. 그 말은 지금까지도 머릿속에 생생하게 남아 있습니다. 이것은 정화에 아주 적합하기 때문에 지금 나타나는 기억은 지금 정화해야 합니다. 모처럼 나타난 기억은 점점 더 자신을 위해 정화합니다.

육아 외에도 인간관계와 경제 문제 하나하나가 모험이었습니다. 매 순간 파도치듯 터져 나오는 새로운 상황을 호오포노포노와 함께 겪어 온 것은 정말 행운이었습니다. 세간의 일반적인 상식으로 본다면, 어떤 자격도 갖추지 않은 싱글맘이 보디워커를하고 낮에는 대학생으로 공부한다는 것은 불안정한 생활입니다.

하지만 '지금 이 순간' 일어나는 일을 정화하는 호오포노포노를 해 나가며 나 자신을 주변 사람과 비교하지 않고 하루하루 살아갈 수 있었습니다. 되돌아보면, 감사하게도 정말 필요한 것은 항상 저절로 주어졌다는 걸 깨달았습니다. 물론 육아에는 어느 정도의 계획도 필요합니다. 하지만 현재를 야무지게 체험한 덕분에 미래가 스트레스로 다가오는 경우는 없었습니다.

영감을 방해하는 '기대'

여기에서 잠시 '기대'에 대해 이야기하겠습니다.

호오포노포노에서는 기대도 기억과 같습니다. 기대한다는 말이 나쁘다는 뜻은 아닙니다. 기억이기 때문에 우리는 저절로 기대하게 됩니다.

인간관계에서도 일에서도 기대하는 게 느껴진다면 네 마디 말을 비롯한 정화 도구로 정화하는 게 필요합니다.

'기대'는 본래 당신 안에서 완벽하게 작용하는 것들의 리듬을 차단해 버리는 거대한 바위처럼 완고하기 때문에 바로 치울 수는 없습니다. 문제는 스스로 기대한다는 것을 쉽게 알아차리지 못한다는 사실입니다.

예를 들어 인간관계가 원만히 풀리지 않을 때 한 발자국 떨어져서 바라보세요. '좀 더 이렇게 해 주지'라거나 '예전처럼 친절하게 대해 줬으면' 하고 나도 모르는 사이에 상대방에게 더 나은 태도를 기대하지 않나요?

또 스스로에게는 이렇게 말하지 않나요? '지금까지 열심히 살아왔으니까, 분명 잘될 거야', '나는 가족에게 힘이 될 거야' 등등. 이제 자기 자신에게도 기대하고 있었음을 눈치챘을지 모르겠습니다.

하지만 이런 기대를 했을 때는 당신이 가진 본래의 매력과 재능이 제대로 발휘되지 않습니다. 당신 안에서 본래 흐르고 있어야 할 영감을 그대로 실현할 수 있다면, 사실 사람도 일도 그 자체로 체험할 수 있습니다. 하지만 당신이 기대를 통해 무언가를

할 때, 사람은 그 정도밖에 볼 수 없으며, 그 정도밖에 들을 수 없습니다.

'기대'를 내려놓은 다음에는…

한 가지 예를 들어 보겠습니다.

하와이에 사는 내 친구는 당시 마흔 살이었습니다. '슬슬 결혼해야 할 텐데……' 하고 생각하던 찰나 친구에게 멋진 여성을 소개받았습니다. 그녀도 30대 후반이었기 때문에 연애를 한다면 결혼을 전제로 해야겠다고 생각했었습니다. 두 사람은 서로 뜻이 맞았고, 여성은 당시 샌프란시스코에 살았기 때문에 장거리 연애를 시작했습니다. 처음에는 즐거웠지만 서로 결혼을 진지하게 생각하게 되면서부터 불안을 느꼈습니다. 그러자 지금까지 즐거웠던 대화도 초조함이 되었고, 두 사람은 누가 먼저라고 할 것도 없이 이별을 맞았습니다.

남자 쪽은 호오포노포노를 실천하고 있었기 때문에 그 상황을 바로 정화했습니다. 자신 안의 어떤 기억이 모처럼 만난 멋진 상대와의 연애를 불가능하게 만들었는지 떠올리고, 뒤따라온 외로움과 불안을 정화했습니다.

그러는 동안 상대방이 나의 결혼 상대라는 기대가 사라졌고, 어느 날 밤, 오랜만에 친구로서 그녀에게 전화하고 싶어졌습니다. 전처럼 사귀는 사이가 아니다 보니 최근 겪은 일들을 서로 편안하게 이야기할 수 있었습니다. 둘의 관계는 결국 서로를 기분 좋게 해 주고 인간적으로 존중하며 자주 통화하는 사이로 발전하게 되었습니다. 그동안 상대를 향한 호감이 점점 커져 전에는 느끼지 못했던 연애 감정이 들끓기 시작했습니다. 행선지는 샌프란시스코였습니다. 둘은 마치 사계절이 바뀌는 것처럼 자연스럽게 결혼했고 지금까지도 행복하게 살고 있습니다.

이것은 정말로 알기 쉬운 기억의 정화 체험담으로 항상 스스로 기대한다고 느낄 때면 이 친구 이야기를 떠올립니다. '결혼하고 싶어!', '이 사람은 결혼 상대니까!'라고 기대하며 꽉 움켜쥐고 있을 때, 상대방도 자신도 정말로 좋은 부분은 표현되지 않고, 본래 두 사람 사이에 있어야 할 완벽한 조화나 환경도 보이지 않습니다. 이럴 때 '고맙습니다, 미안합니다, 용서하세요, 사랑합니다' 하고 말한 뒤 자신의 체험을 정성껏 정화하면 문제의 진짜 원인이 스윽 지워져 지금까지 상상했던 일을 훨씬 넘어선 상황에 자신이 놓여 있음을 깨달을 것입니다.

평화는 나부터 시작한다

'당신은 대체 어떤 사람인가요?'라고 여러분에게 묻는다면 뭐라고 대답할까요? 입이 무겁고 신뢰할 수 있는 친구가 물어봤다고 상상하고 솔직하게 대답해 보세요.

이런 질문을 하는 이유가 있습니다. 내가 생각하고 있는 나, 그 기억을 정화하는 일은 호오포노포노에서 본래의 완벽한 당신이 되는 데 중요한 포인트이기 때문입니다. 당신은 원래 '제로'입니다. '제로'이기 때문에 영감을 받고 영감이 흘러들어 옵니다.

기억은 곤란한 문제들뿐이라고 생각할 수도 있지만 좋은 일 또한 기억입니다. 즐거운 추억, 자신의 장점, 동기 부여해 주는 장래의 꿈도 전부 기억입니다. 기억이 당신에게 정화할 기회를 주고 있습니다.

그 혹은 그녀와의 즐거웠던 추억을 정화한다고 해서 당신 안의 아름다운 추억이 지워지지는 않습니다. 반대로 정화를 통해 그 추억 깊숙한 곳에 숨겨져 있던 집착과 불안이 지워져 당신이 더

욱더 자유로워지고 매력적으로 빛날 수 있습니다. 상대방도 구속받지 않아 본래의 성실함이 드디어 빛을 발할 수 있을지도 모릅니다.

이렇듯 당신이 '기쁘다, 즐겁다, 좋다!'라고 생각하는 것을 매일매일 정화할 수 있다면 이미 성공입니다. 우니히피리는 당신의 정화에 점점 더 협력하고 당신에게 '진정한 나'를 보여 줄 것입니다.

수많은 이들이 나에게 와서 '자신이 없다', '나 자신을 좋아하기 어렵다'라며 상담을 요청합니다. 이것은 당신 탓도, 부모 탓도, 주변에 뛰어난 사람이 있어서도 아닙니다. 당신 안에 원래부터 존재하던 기억, 머리로는 알 수 없지만 머나먼 과거에서부터 쌓여 온 기억이 스스로에게 '자신 없다'라는 체험을 시켜 주는 것입니다. 자신 없음을 체험했다면 정화가 필요하고, 타인과 비교했다면 역시 정화가 필요합니다. 그렇게 하면 당신은 진정한 나로 살아갈 수 있습니다. 타인과 비교하거나 비교당할 필요도 없이 조화로운 완벽한 상태, 그것이 본래의 당신입니다.

'자신 없는 것은 좋지 않은 것'이라고 생각했다면 그 생각도 부디 정화해 보세요. 당신이 기억에서 자유롭게 해방될 때, 당신을 통해 완벽한 아름다움, 정보, 아이디어가 표현됩니다. 진정한 빛

을 되찾은 당신은 이 세상에서, 이 우주에서 마치 등대 같은 존재입니다. 과거에 어떠한 일이 있었다 하더라도 정화는 지금 이 순간 시작합니다. 이 세상 전체는 당신이 문을 열기만을 기다리고 있습니다. 당신이 진정한 나로 있을 때, 이 세계도 진정한 모습으로 거듭납니다. 모르나 여사의 책상에 새겨져 있던 문구가 있습니다.

'평화는 나로부터 시작한다.'

그렇습니다! 평화는 자신으로부터 시작합니다. 자, 이제 정화를 시작합시다.

제2장

우니히피리와
사이좋게 지내기

우니히피리의
목소리 듣기

우리 잠재의식에 있는 우니히피리. 하와이 말로 우니히피리는 '내면의 아이'를 의미합니다. 여기서의 아이는 유아기의 트라우마를 지칭하는 '이너 차일드(Inner child)'와는 다릅니다. 우니히피리는 1장에서 설명한 것처럼 당신이 살아온 수년간의 인생뿐만 아니라, 몇백, 몇천 년의 시간을 초월해 만물과 공유한 기억을 지니고 있습니다.

바다, 산, 나무, 꽃, 땅, 동물, 건물, 모자, 음악, 선반……, 당신이 그 어떤 존재였을 때의 기억도 데이터 뱅크에 보관하고 있고, 지금 당신이 체험하는 것, 보고 듣고 만지는 모든 정보와 기억을 공유하고 있습니다.

정화에서 가장 중요한 것은 표면의식인 우하네와 우니히피리의 부모 자식(모자) 관계입니다. 우하네가 정화를 시작하지 않으면 우니히피리가 안고 있는 기억은 절대로 정화될 수 없습니다.

우니히피리의 존재를 무시하고 정화하면 그 의지가 전해지지 않는 경우가 있기 때문입니다. 우하네는 우리가 자각할 수 있는 의식이므로, 당신 자신이 우니히피리의 어머니라고 할 수 있습니다.

한편 아이인 우니히피리는 상당히 유식하여 믿을 수 있는 존재이지만 두려움이 많고, 부끄러움을 많이 탑니다. 그래서 지금까지 그 존재조차 알아차리지 못했습니다. 사실은 우니히피리도 다른 아이처럼 어머니에게 사랑받고 싶고 자신의 말을 들어 주기를 원합니다.

제2장에서는 당신의 우니히피리와 돈독한 사이가 되어 그 목소리를 들어 봅시다.

우니히피리와
관계 맺기

우니히피리의 존재를 의식하면 그 모습을 볼 수 있는 사람도 있지만
전혀 보지 못하는 사람도 있습니다.
중요한 것은 형태와 모습을 보는 것이 아닙니다.
우니히피리의 목소리를 알아차리고 제대로 받아들이는 것입니다.

이제 막 정화를 시작한 사람에게는 형태도 보이지 않고 목소리도 들리지 않는 우니히피리의 존재를 의식하는 것이 어려운 일일지도 모릅니다.

우니히피리의 존재를 의식하는 것이 정화의 첫 단계입니다(40~41쪽 그림 참조). 정화 초반의 우니히피리는 큰 상처를 입은 상태인 경우가 많습니다. 계속해서 기억을 재생하며 어머니인 당신(우하네)이 자신의 존재를 알아주길 바라고 있었는데, 존재를 알아주기는커녕 오히려 기억만 점점 더 늘어나 감정이 억눌려 있기 때문입니다.

당신에게 문제가 생길 때는 우니히피리가 우하네와 연결되지 않고, 당신에게 사랑받지 못하고 무시당한 채로 방치되어 자신의 존재를 인정받지 못한다고 생각할 때입니다.

우니히피리와 연결되지 않았다는 것은 아우마쿠아(초의식)와 신성한 존재와도 연결되지 못한 것을 의미하고, 영감을 받는 것도 불가능합니다. 영감을 받지 못한 상태에서는 제로에게 인도되지 못해 진정한 나 자신과도 멀어집니다.

우선은 자기 마음속에 우니히피리가 있음을 인정하고 사과하는 것부터 시작해 봅시다.

가장 먼저, 자신이 어머니가 되었다고 생각하고 최대한 부드럽게 '여태껏 모르고 있어서 미안해. 앞으로는 함께 정화하자'라며 우니히피리에게 사과합니다. 우니히피리는 지금까지 상처를 많이 받았기 때문에 상당히 겁이 많습니다. 부드럽고 상냥하게 말을 걸어 줍니다.

정화할 때는 '우니히피리가 기억을 보여 주고 있다'라는 사실을 잊지 말고, 진심을 다해 우니히피리와 함께 정화해 보도록 합니다.

우니히피리의 목소리 = 감정

'지금까지의 일을 사과했지만 용서해 줄지 모르겠어'라고 생각하는 사람도 있을 겁니다. 하지만 우니히피리가 없는 사람은 없습니다. 아무것도 떠오르지 않고 목소리가 들리지 않아도 당신 마음속에는 우니히피리가 존재합니다.

　그러니 계속해서 우니히피리에게 말을 걸고 질문해 봅시다. 우니히피리의 존재가 여전히 느껴지지 않는 사람은 자신 안에 있는 또 다른 자신에게 상담을 받는다는 생각으로 진행해도 좋습니다.

　'우니히피리, 미안해. 용서해 줄래?'라고 묻고 정화합니다. 슬픈 감정이 몰려온다면 우니히피리가 슬픈 감정을 재생하고 있는 것입니다.

　'우니히피리, 슬프게 해서 미안해' 하고 다시 그 기억을 정화합니다. 그다음에는 예전의 즐거웠던 기억을 떠올려 봅니다. 이것도 우니히피리의 기억의 재생이므로 '보여 줘서 고마워'라고 정화합니다. 기억이 재생될 때마다 우리는 이런저런 감정을 느낍니다. 이 모든 것이 우니히피리의 목소리입니다. 우니히피리는 우하네인 우리가 느끼는 감정이나 감각을 통해서 말을 걸어 옵니다.

　경우에 따라서 우니히피리에게 말을 걸 때 '공원에 가 볼까'라거나 '친구한테 연락해 볼까' 등 문득 다른 생각이 떠오를지도 모릅니다.

　이것이 바로 영감(Inspiration)입니다. 정화 의지가 우니히피리에게 제대로 전달되고 아우마쿠아와 신성에게 전달되어 정화가 잘 이루어졌음을 의미합니다.

몸과 우니히피리

아무렇지도 않은 얼굴로 야근을 하겠다고 대답했지만 사실은 거절하고 싶었던 일처럼, 우리는 솔직한 감정을 전달하지 못하고 그 반대로 행동하는 경우가 있습니다. '사실은 이렇게 하고 싶었는데'라는 '속마음'도 곧 우니히피리의 목소리입니다.

속과 겉으로 표현되는 마음이 각각 나누어져 있고, 세상의 가치관 또는 상식에 맞추어 속마음을 감추거나 무시할 수밖에 없다고 생각하는 사람이 많을지도 모릅니다.

그런데 우니히피리의 목소리를 계속 무시하면 어떻게 될까요? 예를 들어 피곤하다고 느끼는 감정은 우니히피리의 목소리입니다. 이것을 무시하고 '지금은 쉴 수 없어'라며 쉼 없이 계속 열중하면 우니히피리는 '피곤하다'라는 기억을 전달하기를 포기해 버립니다.

결국 병이 나거나 스트레스에 짓눌려 버리겠지요.

우리 몸은 우니히피리가 관리합니다. 우니히피리를 소중하게 관리해서 생활하면 '슬슬 휴식하는 게 좋을 거야', '운동 좀 하는 게 좋을 거야', '오늘은 채소를 먹는 게 좋을 거야'라며 내 몸에 최적인 상태를 가르쳐 줍니다.

우니히피리의 목소리에 모두 따르지 않아도 돼

우니히피리가 '이건 싫어'라고 했다는 이유로 '그래, 관두자' 하고 그대로 따라가는 것은 우니히피리와 정말 좋은 연결 관계라고 할 수 없습니다. 예를 들어 아이가 과자만 먹고 제대로 된 식사를 하지 않는다면 어머니가 가만히 둘까요? 제대로 된 식사를 할 수 있도록 가르치는 것도 어머니의 역할이겠죠.

우니히피리의 어머니인 우하네가 실제로 무엇을 선택하는지는 그다지 중요하지 않습니다. 우니히피리는 우하네와 함께 정화하고 싶을 뿐입니다. 우하네가 항상 자신을 신경 써 주고, 사랑해 준다고 느끼는 것이 중요합니다.

피곤하다는 기억이 재생되면 '지쳤구나, 알려 줘서 고마워'라

고 우니히피리의 목소리를 받아들이고 정화해 보세요. 정화를
하고 난 뒤, 휴식이 필요하다고 생각될지 모르고 피로가 풀릴지
도 모릅니다. 이건 영감에 달려 있습니다. 영감은 나름의 방식으
로 옵니다.

나를 사랑하는 것이 중요

되도록이면 항상, 언제라도 우니히피리가 지금 어떤 기분인지
확인하는 것이 중요합니다.

우니히피리와 깊이 관계를 맺는 것은 자신을 사랑하는 것과
연결됩니다. 정말로 멋진 일이지만 자신을 사랑하기가 좀처럼 쉽
지 않은 사람도 많습니다.

특히 여성은 자신보다도 가족이나 아이, 주변 사람들을 우선
시하며 행동하는 경우가 많습니다. 이런 자기희생도 기억의 재
생입니다.

자신의 감정을 소중히 여기는 것은 버릇없거나 제멋대로인 것
과는 다릅니다. 우니히피리가 보여 주는 모든 감정을 솔직하게

인정하고 함께 정화하면 많은 영감을 받을 것입니다. 이것은 자신의 행복인 동시에 주변 사람들의 행복과도 연결됩니다.

우니히피리와
사이좋아지는
7가지 방법

조금 더 우니히피리와 관계를 맺고 싶은 당신을 위해
대화 방법을 정리해 보았습니다!
할 수 있는 일부터 시작해 보세요.
정화가 더욱 더 원활해집니다.

1 끊임없이 정화하자

우니히피리와 연결되는 요령은 언제라도 정화하는 것입니다. 사랑에 빠져도, 배가 고파도, 전화가 와도 언제나 정화하는 것.

'사랑합니다'만으로도 괜찮습니다. 정화 의지가 보이면 우니히피리는 어느 때보다 기뻐합니다!

2 항상 말 걸자

아침에 일어나서 다시 잠들기 전까지 언제 어디서든 우니히피리에게 말을 건다면 가장 좋을 것입니다. '좋은 아침이야', '오늘은 어떤 기분이야?', '아직 졸려?', '뭐가 먹고 싶어?', '무슨 옷을 입을까?' 그리고 우니히피리의 대답을 받아 줍니다. 그날은 나에게 있어 최적의 시간, 기분 좋게 보내는 시간이 늘어날 것입니다.

3 정화 도구를 함께 고르자

우니히피리는 정화 의지를 받는 것만으로도 매우 기뻐하지만 정화 도구를 함께 고른다면 더욱 기쁠 것입니다.

그렇게 당신과 우니히피리와의 신뢰 관계가 깊어지면, 우니히피리는 문제가 생겼을 때 정화하면 된다는 것을 이해하고, 당신이 정화하지 않더라도 저절로 정화해 줍니다.

4 우니히피리에게 맡기자

이런저런 이야기를 했는데도 아무런 감정이 떠오르지 않거나 어떻게 하면 좋을지 모를 때도 있습니다. 그럴 때는 '사랑합니다'라고 정화합니다. 다음은 우니히피리에게 맡겨 봅니다.

무리하게 대답을 요구하거나 무언가에 억지로 갖다 붙여 생각하면 또 다른 기억을 만들어 내어 우니히피리를 괴롭힐 뿐입니다.

5

정화 타이밍을 놓치지 않기

누군가와 이야기하거나 일하는 도중에 전혀 상관없는 일이 생각나거나, 하고 싶은 일이 떠오르거나, 잊고 있던 옛 친구가 생각나는 경험이 있지 않나요? 이것은 우니히피리가 보내는 중요한 메시지이며, 정화 찬스입니다. 누군가와 이야기할 때 험담이나 괴로운 이야기, 옛날엔 좋았었다는 식의 그다지 듣고 싶지 않은 방향으로 이야기가 흘러가는 경우도 있을 겁니다. 사소한 것도, 예기치 못한 전개도 모두 기억의 재생입니다. 우니히피리는 정화를 기다리고 있습니다. 정화는 그때그때 실행해 주세요.

6 부탁 아닌 도움 청하기

우니히피리와의 교류가 깊어지면 대화가 즐거워지고 우니히피리는 당신에게 제일 좋은 상담 상대가 되어 줄 것입니다. 멋진 일이지만 모든 걸 다 우니히피리에게 맡기는 것은 잘못된 행동입니다. 그렇게 되면 우니히피리는 다시 외톨이가 되었다고 느끼고 괴로워합니다. 부탁하려는 태도가 아니라 언제나 상담한다는 마음을 가져 보세요. 그리고 언제까지라도 함께 걸어갈 거라는 애정 표시를 잊지 마세요.

7

즐거운 것도 정화하자

우니히피리가 보여 주는 싫은 기억이나 괴로운 기억을 정화하는 것은 이해하기 쉽습니다. 그 외에 우니히피리가 보여 주는 즐거운 기억, 행복한 기억도 정화합시다. 즐거운 일은 그 당시에 마음껏 즐기고 기뻐하면 됩니다. 하지만 여기에 계속 얽매이면 그 기억은 집착이 됩니다. 과거의 영광에 매달려 있는 것도 집착 중 하나입니다.

좋은 일도 정화가 필요합니다. 애당초 좋고 나쁜 것은 없습니다. 당신에게 좋은 일일지라도 타인에게는 좋지 못한 일인 경우가 종종 있습니다. 우니히피리는 이를 잘 알고 있기 때문에 당신의 양쪽 기억을 모두 보여 줍니다. 어떤 감정이라도 정화해야만 문제를 문제로 생각하지 않는 제로의 마음에 가까워질 수 있습니다.

우니히피리와 언제나 함께

타이라 아이린 씨의
정화 24시간

SITH 호오포노포노 아시아
사무국에서 광고를 맡고 있는
아이린 씨는 생활 속에서
어떻게 정화를 적용하고
있을까요?
정화 포인트가 가득한 리얼
리포트입니다.

타이라 아이린
1983년 도쿄 출생. 메이지학원대학 문
학부 졸업. SITH 호오포노포노 아시아
사무국에서 호오포노포노 관련 책의
집필, 번역 등의 업무로 활동 중. 좋아하
는 정화 도구는 HA 호흡법과 아이스 블
루. 저서로는 『알로하! 휴렌 박사와 호오
포노포노의 단어』, 『우니히피리』(국내
미출간)가 있다.
http://irenetaira.wordpress.com

우니히피리에게 하는 아침 인사

나의 아침은 침대에서 우니히피리에게 말을 거는 것으로 시작합니다.

눈을 뜨면 '우니히피리, 좋은 아침이야. 기분은 어때?'라고 물어봅니다. 그때 '나른해', '좀 더 자고 싶어'라며 몸으로 전해지는 감각을 소중히 여깁니다. 몸은 우니히피리가 관리하기 때문에 이 감각은 우니히피리의 메시지라고 할 수 있습니다.

그러고 나서 '기억을 보여 줘서 고마워'라고 우니히피리에게 감사의 말을 전하고 네 마디 말 또는 '사랑합니다'라고 정화합니다.

이어 바로 HA 호흡법을 실행합니다. 호흡을 하면 나른하다고 느꼈던 몸이 편안해집니다.

다음은 KR 여사에게 배운 것인데, 자는 동안 꾸었던 꿈을 정화하는 것으로, 매우 중요합니다. 표면의식은 낮 동안 계속 움직이지만 자는 동안에는 무언가를 판단하거나 생각하거나 하지 않는 조용한 상태입니다.

한편 우니히피리는 쉬거나 자거나 하지 않습니다. 밤에 표면의식이 휴식 모드일 때는 정신이 억눌리는 일이 적어서 낮보다 자유롭습니다. 그래서 우리에게 꿈이라는 형태로 기억을 보여준다고 합니다.

꿈은 논리로는 설명할 수 없는 이야기를 가지고 있기도 합니다. 이는 우니히피리가 머나먼 과거의 기억을 짜깁기한 형태로 보여 주기 때문입니다. 꿈에서 느낀 감정에도 성의껏 '사랑합니다'라고 말하며 정화하고 있습니다.

혹은 시간이 있을 때 우니히피리에게 '말해 두고 싶은 거 있어?'라고 질문하며 내 안에서 대화를 시작하는 경우도 있습니다.

함께 스케줄 확인

시간이 없을 때는 오늘 하루의 스케줄을 떠올리고 우니히피리에게 말합니다. '출근해서 낮에는 누구누구랑 만나고, 이거랑 저거랑 하지 않으면 안 되겠다'라는 식입니다. 사실은 온종일 우니히피리와 함께 있고 싶지만, 한창 근무하는 낮 시간에는 바빠서 우니히피리를 잊어버리곤 합니다. 아침에 우니히피리에게 스케줄을 전하고 '오늘은 이런 일을 하니까 도와줘야 해'라고 부탁합니다.

　그날 입을 옷은 반드시 우니히피리와 함께 정합니다. 휴렌 박사님은 매일 아침 옷장을 열고 '오늘은 누가 나와 정화하고 싶니?'라고 물어보고 '저요!'라고 답한 옷을 입는다고 합니다.

ⓐ 7:30 기상

하는 일

◇ 우니히피리에게 아침 인사

◇ HA 호흡법

◇ 지난밤에 꾼 꿈 정화

꿈은 우니히피리가 보여 주는 기억.

꿈이 기억난다면 정화합니다.

사실 나는 호오포노포노를 시작하기 전까지

꿈을 꾼 적이 없었는데, 호오포노포노를

시작하고 나서 매일 밤 꿈을 꾼 시기가

있었습니다.

좋은 꿈이든 나쁜 꿈이든 꿈을 꾼다는 자체가

정말 기쁘고, 우니히피리가 보여 주고 있다고

생각하며 감사의 말을 했습니다.

◇ 우니히피리에게 오늘 스케줄 전달하기

◇ 아침 식사

과일 주스를 만듭니다. 정화 도구인 딸기를 넣을

때도 있지만 구애받을 필요는 없습니다.

우니히피리와 함께 옷 고르기

정화하지 않은 물건을 몸에 걸치는 것은 모든 기억을 등에 짊어진 채 여러 사람과 만나는 것과 같습니다. 나의 불필요한 기억을 상대방에게 보여줄 수 있기 때문에 언제나 정화하고 난 다음에 옷을 입습니다.

⏰ 9:30 출근

애견과 함께

강아지를 산책시키며 작은 공원을 가로질러 회사로 향합니다. 주변 식물을 만지면서 '아이스 블루'라고 말하며 걷습니다.

일하기 전 '나는 나'를 반복하기

회사에 도착해서 일을 시작할 때 HA 호흡법과 '나는 나'라는 첫 기도를 반복합니다. HA 호흡법을 할 때 발바닥을 바닥에 붙이면 나의 정화가 대지의 정화로 이어진다고 여기기 때문에, 먼저 회사 자체를 제로 상태를 만든 후에 일을 시작합니다.

신경 쓸 겨를이 없을 때는 '나는 나'만 반복하고 일을 시작하는 날도 있습니다. 이 단어는 읽기만 하면 우니히피리가 저절로 '진정한 나'를 떠올릴 수 있는 기도입니다. 이게 중요한 이유는 결국 자신을 잃어버린 채 무언가를 시작하면 기억만 움직일 수 있기 때문입니다. 이때는 기억이 한층 더 쌓일 뿐입니다.

이메일 보낼 때 신경 쓰는 것

보통 업무 시 메일을 많이 쓰는데 호오포노포노와 관련된 일을 하는 사람들은 메일 마지막에 'Peace of I(POI)'를 적습니다. 호오포노포노를 알지 못하는 사람과 메일을 주고받을 때는, 예를 들면 사무적으로 '아무쪼록 잘 부탁드립니다'라고 적고 끝내는 경우도 물론 있습니다. 하지만 마음속으로 'Peace of I'를 반복하고 제로 상태가 된 다음에 발송합니다.

휴렌 박사님과 동료들의 메일은 정말로 짧습니다. 중요한 사항만 작성하고 마지막에 'POI' 혹은 'I Love You'를 쓴 뒤에 그들이 좋아하는 정화 도구를 적습니다. 정말로 전하고 싶은 것만 전달되어 불필요한 생각이나 판단을 부르지 않는 파워풀한 메일입니다. 끈적끈적한 집착을 만들지도 않고, 쌀쌀맞다거나 섭섭한 면도 없고 냉정한 감정을 주지 않으면서도 상당히 건강한 관계를 유지할 수 있다는 기분이 듭니다. 진정한 제로 상태의 방향으로 나아갑니다.

이는 일에서뿐만 아니라 친구 관계, 연애 관계에서도 중요하다고 생각합니다. 호오포노포노를 통해 메시지 방식에 대해서도 정말 많이 배웠습니다. 그전까지는 어떤 사건 하나, 메일 한 통에 일희일비하는 성격이었습니다.

하지만 정화를 계속해 나 자신으로 거듭나서 전해야 할 것만 전하다 보니, 돌아오는 것을 순수하게 받아들일 수 있고 필요 없는 기대도 버리게 되었습니다.

우니히피리에게 점심 상담

점심은 동료와 함께 밖에서 먹는 경우가 많은데 보통 우니히피리와 상담해서 갈 식당을 정합니다. 식당에 들어서면 '우니히피리, 뭐가 먹고 싶어?'라고 반드시 물어봅니다. 여자는 메뉴를 보면서 '칼로리가 높을 거 같아', '원산지가 어디지?' 등 여러 가지를 생각하는 경향이 있습니다. 계속해서 기름진 음식을 먹었다면 머릿속에서 '오늘은 채소를 많이 먹는 편이 좋겠다'라고 제멋대로 정해 버리기도 합니다. 하지만 머릿속에서 정한 것을 실행하면 우니히피리는 상당히 부담스러워합니다.

반대로 확신이나 지금까지 자신이 쌓아 온 지식이 갑자기 떠오를 때는 우니히피리와 관계를 맺을 기회입니다! 우니히피리에게 '신경 써 줘서 고마워', '보여 줘서 고마워'라고 정화합니다. 그렇게 하면 뜻밖에 햄버거 같은 것을 마구 먹기도 합니다.

물론 우니히피리의 목소리대로 먹을 때도 있지만 '보여줘서 고마워. 근데 오늘은 가벼운 음식을 먹을래'라며 다른 음식을 고를 때도 있습니다.

오전

🕙 10:00 업무 시작

하는 일

◇ HA 호흡법
◇ '나는 나' 기도문 읽기
◇ 컴퓨터나 책상에게 '사랑합니다'
　하고 말을 걸고 나서 사용한다

연필꽂이에 기도문

왼쪽에 아침에 읽는 '나는 나', 오른쪽에
끝날 때 읽는 '나의 평화'를 인쇄해 붙여
둡니다.

🕛 12:00 점심시간

점심 먹으러 갔다면

메뉴를 고를 때 우니히피리에게
'뭐가 먹고 싶어?'라고 물어보기

졸린 건 우니히피리 목소리

점심시간이 끝나면 다시 일하러 돌아가야 하는데 항상 노곤해지거나 졸리거나 몸이 무거워집니다. 이건 '졸려. 집으로 돌아가고 싶어'라는 우니히피리의 목소리이므로 받아들인 뒤 '사랑합니다' 하고 정화합니다.

나의 경우 피곤함을 자주 느끼는 편인데 이와 관련해 KR 여사에게 배운 것이 있습니다.

'피곤함'의 원인은 조상으로부터 이어져 온 끝도 없이 재생되고 있는 기억 때문입니다. 우리는 피곤함에 대해 '최근에 무리했지', '야근해서 그런 거야'라고 판단하기 쉽지만 피곤함의 진짜 원인은 알 수 없다는 것이 호오포노포노의 가르침입니다.

이것을 배우고 나서부터 어떤 행동을 하기 전에 미리 HA 호흡법을 해 두거나, 피곤해도 우니히피리에게 '지쳤어. 보여 줘서 고마워'라고 전하고 정화하게 되었습니다.

오후

⏱ 13:00 일하는 중

다이어리를 쓸 때

매일 다이어리를 쓸 때 정화합니다. 적힌 스케줄을 보고 느낀 바나 '바쁘다', '이 일정은 싫은데…', '기대된다'라는 감정을 정화합니다.

또 사람과 만나기 전에는 누구누구랑 만난다는 것을 정화한 다음 약속 장소로 향합니다.

펜의 잉크가 나오지 않을 때는 반드시 '사랑합니다'라고 말합니다.

내 머릿속에서 생각한 내용을 적은 것 같지만 그렇지 않습니다. 펜이 적어야 했을 내용을 쓰고, 노트가 보여 주어야 했을 내용을 보여 줍니다. 그러면 물건에 대한 감사한 마음이 더 늘어납니다.

전화 받을 때

전화 받기 전에 '사랑합니다'라고 말한 뒤에 받으려고 합니다. 전화는 정보가 모여 기억이 흘러나오는 장소이기 때문에, '사랑합니다'라는 말로 좋은 내용도 나쁜 내용도 정화됩니다.

사무기기를 정화한 다음 퇴근

일을 마칠 때에는 그날 문제가 있었든 없었든 컴퓨터를 정화하고 제로 상태로 완료시킨 다음 전원을 끕니다. 아침에 일을 시작하기 전에 '나는 나'를 읽었던 것과 마찬가지로 퇴근 전에는 '나의 평화' 기도문을 반복하며 마무리합니다. 그리고 HA 호흡법을 한 뒤 자리에서 일어납니다.

오늘 하루 느낀 피곤함, 스트레스, 충격적인 일들은 나뿐만 아니라 컴퓨터와 책상, 의자도 모두 함께 겪었습니다. 예를 들어 그날 저녁 술을 마시며 스트레스를 해소했다면 다음 날 아침, 어제 있었던 나쁜 일들은 잊어버렸을지 모릅니다. 하지만 사무실의 컴퓨터나 책상들을 정화하지 않고 귀가했다면 다음 날에도 어제의 좋지 않은 일을 기억합니다.

강아지와 산책하며 귀가

귀가할 때는 아침과 마찬가지로 강아지를 산책시키는 동안

'아이스 블루'라고 말하며 주변 식물들을 만지며 돌아갑니다.

저녁에는 비교적 느긋하게 시간을 보내지만 원고를 써야 하는 일을 가지고 돌아올 때도 있습니다. 일에 대한 책임감이라고 생각해서 지금 해야 할 일은 지금 하자고 정했습니다.

어떠한 일이라도 정화한 다음 결정하려고 합니다. 그만큼 원활하게 진행되기 때문입니다.

저녁에 샤워할 때 여자들은 거울 속 자신을 보며 여러 가지를 생각합니다. '살쪘나' 또는 '이런 곳에 주름이 생겼다니!' 등등. 이것도 우니히피리가 보여 주는 기억이기 때문에 '보여 줘서 고마워'라는 말로 정화합니다. 잘 때는 침대에 누워 네 마디 말로 정화한 다음 잠에 듭니다.

이런 것도 있네요! / **정화 어드바이스, 회사 편**

일하다 보면 한두 번쯤 회사를 그만두고 싶다는 생각이 들 때가 있습니다. 그럴 때도 정화해 보시길 바랍니다. 회사에는 내 생각뿐 아니라 여러 사람의 생각들, 회사의 역사도 있기 때문에 기억이 수북이 쌓여 있습니다.

회사의 개요에 적혀 있는 설립연도와 주소, 전화번호, 사장님 이름 등을 전부 정화하는 것이 좋다고 생각합니다. 스스로 어떻게든 해 보려 고군분투하는 게 아니라, 가장 좋은 타이밍에 모든 것들이 움직여 주는 속박 없는 상태가 될 것입니다. 업무적으로 관계가 있는 거래처의 회사 개요를 정화하는 것도 추천합니다.

저녁

⏱ 19:00 퇴근

퇴근 준비

하는 일

◇ 컴퓨터를 정화한 다음 종료
◇ '나의 평화' 기도문 읽기
◇ HA 호흡법

휴대전화를 사용할 때

언제나 정화를 떠올릴 수 있는 사진을 홈 배경 화면으로 설정합니다. 저녁에 친구나 가족에게 전화할 때는 상대방에게 자연스럽게 품는 기대 등을 정화한 다음에 겁니다.

인터넷 서핑할 때

페이스북이나 블로그에서 다른 사람들의 근황을
보고 있을 때, 부러움, 질투 또는 동조하거나 공감
하는 체험을 하면 열심히 정화합니다.

🕒 23:00 취침

하는 일

◇ 네 마디 말을 반복한 뒤 잠들기

휴일을 보내는 방법

쇼핑

쇼핑할 때도 '좋다', '비싸다'라는 생각을 우니히피리에게 말하려고 합니다. '이런 체험이 있네'라거나 '사고 싶은 마음을 정화하자'라고 말한다면, 더 좋은 물건과 만나게 되거나 사고 싶은 마음이 사라지는 경우도 있습니다. 정화한 다음 고른 옷은 멋진 사람과 만날 기회나 편안함을 가져다줍니다.

우니히피리와 단둘이 보내는 시간

한 달에 몇 시간만이라도 반드시 우니히피리와 단둘이 보내는 시간을 가질 수 있도록 합니다. 전에 우니히피리와 산책할 때 재미있는 일이 있었습니다. 단 음식을 별로 좋아하지 않는데 터벅터벅 걷다 보니 '아이스크림이 먹고 싶어'라는 우니히피리의 목소리가 들렸습니다. '알았어. 아이스크림 가게에 갈까?'라고 말한 뒤 가게로 향했습니다. 그곳에는 학창 시절 친하게 지냈던 친구가 근무하고 있었습니다. 사실 그 친구에게 계속 사과하고 싶은 일이 있었는데 우니히피리는 전부 알고 있었다는 생각에 진심으로 감사했습니다.

청소

휴일에는 집안을 청소하곤 하는데, 나는 솔직히 청소에 소질
이 없습니다. 먼저 '청소는 귀찮아, 하기 싫다'라는 기분을 정화합
니다. 그러면 청소할 수 있는 환경이 만들어집니다. 어딘가를 쓸
때 청소기에게도 '사랑합니다'라고 정화합니다. 정화하면서 청소
하면 지금까지 알아차리지 못했던 벽의 얼룩이 갑자기 눈에 띕
니다. 여기에서 연상되는 기억을 정화합니다. 애타게 찾았는데도
찾지 못했던 물건을 발견하는 경우도 있습니다. 이러한 체험은 정
말 마법 같습니다!

호오포노포노에 아주 멋진 글귀가 있습니다. '창밖의 나뭇잎
사이로 비치는 햇빛이 벽에 반사된 한 줄기 빛으로 당신에게 장
대한 역사를 전한다.' 지금 일어나는 현상 하나하나에 눈길이 닿
는 것은 나 스스로가 이 우주 전체를 정화할 책임이 있다는 것을
알게 해 주는 일입니다.

그러니 뜬금없이 눈에 띤 벽의 얼룩 하나도 우니히피리가 보여
준다고 생각해 정화하며 청소합니다.

옷장 정리

계절에 따라 옷을 정리하거나 물건을 처분하는 것도 정화할 기회입니다. '일단 두자', '선물받은 건데…' 등 상념에 잠길 수 있지만 그 생각을 정화하여 제로 상태로 만든 다음 휴식을 취합니다. 다음 해에는 마치 그 옷들과 새로 만난 것 같은 감각을 느낄 수 있을 겁니다.

쓰레기는 매일 나오지만 괜히 못 본 척하고 싶다거나, 아니면 조금이라도 빨리 버리고 싶지 않은가요? 쓰레기는 정보 덩어리이기 때문에 쓰레기 처리장에 가면 '고맙습니다' 하고 정화합니다. 쓰레기가 싫다고 생각하는 마음이 나쁜 게 아니라 그저 그 마음을 정화하는 일이 좋다고 생각합니다.

데이트 후에는…

우리는 사실 사랑하는 사람과 같이 있을 때보다 헤어진 다음에야 그 사람에 대해 여러 가지를 생각합니다. 소중한 시간을 보낸 후에는 관계를 제대로 끝맺기 위해 '나의 평화'를 읽어서 정화합니다.

지금까지 보여 준 정화 24시간, 어땠나요?

자신을 먼저 정화하면 직장, 집, 나의 물건 등이 점점 정돈되어 정화를 도와줍니다. 최근에는 어떤 장소, 어떤 물건이라도 '진정한 나'에 대해 생각할 수 있도록 나에게 기억을 보여 준다는 사실을 깨달았습니다.

그 기억을 보여 주는 것은 우니히피리입니다. 일상에서 아무리 사소한 장면이라도 우니히피리를 떠올리는 것이 중요합니다.

제3장

실천 중!

호오포노포노의
선배에게
물었습니다

요시모토 바나나

호오포노포노와 어떻게 만났습니까?

인터넷에서 휴렌 박사님의 체험담을 본 것이 계기였습니다.
박사님과 만나야만 한다고 생각했습니다. 그 후, 세미나에 참가
해 아이린 씨와 만났고 우리는 순식간에 친구가 되었습니다.
그때부터 계속 정화하고 있습니다.

일상적으로 실천하는 정화는 무엇입니까?

누군가에게 슬픈 일이 생겼거나 주변에 병에 걸린 사람이 있다면

그 사람의 이름을 정화합니다.

추천하거나 좋아하는 정화 도구는 무엇인가요?

네 마디 말입니다.

호오포노포노를 실천하고 가장 큰 변화를 느낀 것은 무엇입니까?

정말로 효과가 있습니다.
모든 일이 제자리를 찾아가는 듯한 느낌이 듭니다.

당신과 우니히피리와의 관계는 어떻습니까?

함께 걷는 느낌입니다.

호오포노포노 책 중에 추천하고 싶은 것은 무엇입니까?

물론 아이린 씨가 쓴 『들어봐요 호오포노포노』입니다.

앞으로 시작할 독자들에게 한 말씀 부탁합니다.

아무튼 무조건 해 보시길 바랍니다. 반드시 무언가가 변화합니다. 믿을 수 없을 정도입니다. 인생이 되돌아옵니다.

요시모토 바나나(吉本 ばなな)
1964년 도쿄 출생. 일본대학 예술학부 문예학과 졸업.
87년 『키친』으로 제6회 카이엔(海燕) 신인 문학상을 수상하며 등단. 88년 『문라이트 셰도우』로 제16회 이즈미 교카(泉鏡花) 문학상. 89년 『키친』, 『덧없는 성역』으로 제39회 예술 선장 문부대신 신인상, 같은 해 『TUGUMI』로 제2회 야마모토 슈고로(山本周五郎) 상. 95년 『암리타』로 제5회 무라사키 시키부 문학상. 2000년 『불륜과 남미』로 제10회 도마고 문학상을 수상. 저작은 30여 개국 이상에서 번역, 출판되어 이탈리아에서 93년 스칸노 상, 96년 펜딕시메 문학상 (Under35), 99년 마스케라다 르젠트 상, 2001년 카프리 상을 수상했다. 최근의 저서로는 『스위트 히어애프터』, 『매일이, 여행』, 『서커스 나이트』 등이 있다.

미치바타 제시카

호오포노포노와 어떻게 만났습니까?

호오포노포노는 2001년 봄에 만났습니다. 그때까지 호오포노 포노 관련 책은 서점에서 몇 번 봤었지만 제대로 읽어 본 적은 한 번도 없었습니다. 그러다 스피리츄얼(영적) 관련 책을 찾던 중에 문득 생각나서 내용은 보지도 않은 채 샀습니다.

일상적으로 실천하는 정화는 무엇입니까?

처음 호오포노포노 책을 읽었을 때는 충격을 받았습니다. 내 인생에서 경험하는 모든 일이 나 자신과 관계가 있고, 스스로 해결할 수 있다는 것이 와 닿았습니다.

우선 처음 외웠던 건 네 마디 말입니다. '무엇을 보든 무엇을 듣든 정화'라고 쓰여 있어서 호오포노포노 책을 읽는 중에는 무조건 네 마디를 마음속으로 반복하고, 한 줄 한 줄 전부 정화하면서 읽었습니다. 이제는 습관이 되어 무의식적으로 네 마디를 마음속으로 반복하고, 잠을 잘 때도 꿈에 나오는 등 네 마디가 내 안에 자연스럽게 스며들었습니다.

최근에는 다른 정화 도구도 사용해 보고 KR 여사가 알려준 나만의 정화 도구를 사용하기도 합니다. 우니히피리에게도 가르쳐 주며 함께 정화하고 있습니다.

추천하거나 좋아하는 정화 도구는 무엇인가요?

역시 가장 좋아하는 것은 네 마디 말입니다. 언제 어디서나 자연스럽게 나오기도 하고 제일 간단하고 효과적인 정화 도구라고 생각합니다.

호오포노포노를 실천하고 가장 큰 변화를 느낀 것은 무엇입니까?

호오포노포노는 모든 것에 적용할 수 있지만 특히 변화가 있었던 것은 인간관계입니다. 또한 내면에 있는 우니히피리와의 관계를 실제로 느낄 수 있어서 정말로 대단하다고 생각합니다.

당신과 우니히피리와의 관계는 어떻습니까?

신경 쓰이는 것이 있거나 감정의 파도(긍정적이든 부정적이든)가 몰아칠 때는 항상 우니히피리에게 말을 겁니다. 말을 걸 뿐만 아니라 우니히피리를 느낀다거나 감사함을 전하기도 하지요. 정해진 시간이 아니라 문득 떠오를 때 관계를 맺을 수 있도록 합니다.

호오포노포노 책 중에 추천하고 싶은 것은 무엇입니까?

SITH 호오포노포노에서 출판한 호오포노포노 책은 전부 추천합니다. 특히 세계에서 가장 오랜 시간 정화하고 있는 KR 여사의 『호오포노포노 라이프(한국 출간 예정)』는 그녀의 호오포노포노

이해법과 그녀의 솔직한 고민 등이 생생하게 쓰여 있어 정화하는 데 많은 용기를 얻습니다.

앞으로 시작할 독자들에게 한 말씀 부탁합니다.

호오포노포노는 정말로 간단한 문제 해결법입니다. 너무 간단해서 처음에는 믿기 어려울지 모르지만 누구나 언제든 어디서든 사용할 수 있는 호오포노포노를 생활에 적용해 많은 분이 인생을 더욱 풍요롭게 살아가기를 바랍니다.

미치바타 제시카(道端ジェシカ)
1984년 10월 21일 출생. 모델이자 디자이너. 본명은 미치바타 제시카 세레스티. 후쿠오카 출신.
여성 패션지, TV, 광고를 중심으로 활약 중이다. 저서로 『제시카의 단어』가 있다. 2013년 1월 하와이주 관광국 뷰티대사에 임명되었다.
공식 블로그 http://blog.honeyee.com/jessica/

카가와 에마

호오포노포노와 어떻게 만났습니까?

2009년, 서점에서 책을 구매한 것이 계기가 되었습니다.

일상적으로 실천하는 정화는 무엇입니까?

무언가를 하기 전에 그 물건을 정화합니다. 예를 들면 택시 타기
전에 택시를, 엘리베이터 타기 전에 엘리베이터를, 의자에 앉기
전에 의자를, 그리고 이 질문지에 답하기 전에도 정화했습니다.
해당되는 대상에 네 마디 말을 말하거나 우니히피리의 목소리가

들릴 때는 대화하고, '잘 지내?' 혹은 '사랑해'라고 말을 겁니다.

추천하거나 좋아하는 정화 도구는 무엇인가요?

네 마디 말을 가장 좋아합니다. 모든 만물과의 대화를 이끌어 주기 때문입니다.

호오포노포노를 실천하고 가장 큰 변화를 느낀 것은 무엇입니까?

내가 움직이지 않아도 주변이나 상황이 알아서 변화하여 문제가 해결되었습니다. 이제는 호오포노포노가 없어서는 안 될 내 파트너처럼 느껴집니다.

당신과 우니히피리와의 관계는 어떻습니까?

우니히피리의 의견을 존중하기 위해 무엇을 하기 전에는 꼭 우니히피리에게 상담합니다. 식사 메뉴를 정할 때, 꽃을 사러 갈 때는 어느 가게가 좋을지 물어보는 식입니다. 언제나 항상 함께 있어

주기 때문에 '고마워. 사랑해'라고 감사를 전합니다.

호오포노포노 책 중에 추천하고 싶은 것은 무엇입니까?

『우니히피리-호오포노포노로 만나는 진정한 자신』입니다.

앞으로 시작할 독자들에게 한 말씀 부탁합니다.

꼭 한 번쯤은 바보가 되어 보세요.

　머리가 좋더라도, 지나치게 많이 생각하다 보면 오히려 무엇을 생각해야 하는지 잊을 때가 있습니다.

　'나는 아무것도 모른다'라는 상태가 되면 호오포노포노를 실천하기가 더욱 쉬워집니다.

　혹은 자신을 호오포노포노 유치원생이라고 생각해 보면 좋을 것 같습니다.

　어린아이는 지식이나 선입견이 없기 때문에 선생님께 들은 내용을 있는 그대로 받아들입니다. 무엇에 대해 의심 없이 '네~'라고 대답하는 것처럼요.

"우니히피리라는 아이가 자신 안에 있습니다."

"네~"

"'사랑합니다'라는 말로 문제가 해결되기 시작합니다."

"네."

이런 느낌으로 한다면 정말로 실천하기 쉽습니다.

호오포노포노 학교에 입학하신 것을 축하드립니다!

카가와 에마(香川絵馬)
1982년 3월 30일 가고시마 출생. 일본 최초의 뷰티 잡지
《VoCE》에서 전속 모델로 활약 중이다. 미용에 관한 것
은 물론, 와인, 정원 가꾸기, 만화 그리기 등의 취미가 있
다. 현재는 《LEE》, 《andGIRL》, 《Oggi》 등의 잡지를 중심
으로 활약 중. 2011년 결혼하여 한 아이의 어머니이기도
하다.
공식 블로그 http://ameblo.jp/emak-poi/

핫토리 미레이

호오포노포노와 어떻게 만났습니까?

평소에 신뢰하고 있는 분에게 호오포노포노의 존재를 소개받아 책을 읽고 바로 생활에 적용했습니다.

일상적으로 실천하는 정화는 무엇입니까?

'고맙습니다, 미안합니다, 용서하세요, 사랑합니다'를 언제 어디서 든, 어떤 상황에서든 반복하고 있습니다.

나뭇잎을 만지면서 '아이스 블루' 하고 말하는 것도 항상 하는 정화입니다.

장소 정화도 자주 합니다. 어딘가에 갈 때는 그곳에 도착하기까지의 길, 목적지, 관계있는 사물들, 사람 등 모두 정화하려고 합니다.

그 밖에도 클래스에서 배운 정화 도구를 적재적소에 다양하게 사용합니다. 새우나 메밀국수를 먹거나 바닐라 아이스크림을 먹기도 하고, 배수구에 흘러 들어가는 장면을 상상하는 정화도 좋아합니다. 아, 캔디 케인(지팡이 모양의 딱딱한 사탕)을 방에 두기도 합니다.

방사능에 대한 내용을 듣거나 원폭 영상을 보았을 때, 혹은 관련된 기억이 보일 때마다 '마젠타, 마젠타, 방사능'이라는 말을 마음속으로 반복하기도 합니다.

우니히피리 관리도 좋아합니다. 우니히피리와 이야기하다 보면 문득 떠오르는 것이 많아 놀라곤 합니다. 스스로 쾌활하게 잘 지내고 있다고 생각했지만 사실은 기운이 없었던 경우나, 뭘 하면 좋을지 알게 된 일이나……. 머리로만 생각하고 있던 것과는 또 다른 체험을 하는 것 같아 즐겁기만 합니다.

추천하거나 좋아하는 정화 도구는 무엇인가요?

네 마디 말과 아이스 블루. 책상이나 의자 등 물건이나 방에 말을 거는 것을 좋아합니다. 외출할 때 방을 바라보며 '고마워. 외출해 있는 동안 잘 부탁해'라고 말하는 것이 좋습니다. 돌아온 뒤에 방의 모습이 다르게 느껴집니다.

무엇보다 기대를 정화하는 것을 정말로 좋아합니다. 기대될 때마다 정화하기, 나에게는 정말로 큰 행운입니다!

호오포노포노를 실천하고 가장 큰 변화를 느낀 것은 무엇입니까?

호오포노포노와 만나기 전에는 마트에 갔다가 엄마가 아이를 꾸짖는 모습을 본다거나 학대와 관련된 뉴스를 자주 접하곤 했습니다. 하지만 호오포노포노와 만난 뒤 정화를 실천하면서부터는 정말 한 번도 그런 일을 보거나 들은 적이 없습니다.

예를 들어 이웃과 관련해 제가 직접 제기할 수 없는 문제가 생겨서 스스로 정화한 적이 있는데, 반복해서 정화하는 사이 해결을 넘어서서 그 이상의 무언가를 깨닫는 경험을 한 적이 있습니다.

무엇보다도 어떤 문제든 100% 내 책임이라는 인식을 하게 된 것(물론 아직 완전하지는 않지만 항상 그렇게 생각하려는 것)은 정말 놀랍고 커다란 깨달음이었습니다. 만물의 굉장한 흐름을 느낄 수 있게 된 것 자체가 가장 큰 변화라고 생각합니다.

당신과 우니히피리와의 관계는 어떻습니까?

아침에 옷을 고를 때, 마트에서 채소를 살 때, '뭘 입고 싶어?', '뭘 먹고 싶어?'라고 질문합니다. 피곤할 때 '지금 어떤 상태야?'라고 물으면 아주 적절한 힌트를 얻을 수도 있습니다.

당시 우니히피리의 안색이나 제스처로 내가 지금 정말로 하고 싶은 게 무엇인지 알게 된 경우도 있습니다. 우니히피리는 금방이라도 튀어 나갈 것같이 들떠 있는 상태일 때가 많습니다. 그래서 아무 생각 없이 후 하고 불어 버린 적도 있습니다. 아주 익살스럽고 장난스러우며 솔직한 존재라서, 대화를 나누면 정말 즐겁습니다. 가슴이 뛸 정도입니다.

호오포노포노 책 중에 추천하고 싶은 것은 무엇입니까?

『우니히피리-호오포노포노로 만나는 진정한 자신』,『호오포노포노 실천법-지금 나의 모든 것을 변화시키는 성공 원리』,『호오포노포노 라이프』, 그 외 SITH 호오포노포노 아시아 사무국에서 발간한 책자들도 추천합니다.

앞으로 시작할 독자들에게 한 말씀 부탁합니다.

처음 책을 읽었을 때는 감탄만 했지만, 정화를 계속해 나갈수록 호오포노포노를 더욱더 깊이 알게 되었습니다. 처음엔 잘 모르겠더라도 네 마디 말부터 시작해 보면 재미있는 체험을 할 수 있을 겁니다. '안다, 모른다' 판단하기 전에, 할까 말까 하는 상태라면 일단 해 보는 것이 좋겠습니다. 돈이 들지도 않고, 상처를 입는 것도 아니고 아무것도 잃을 게 없으니 부디 한 번 해 보시기를 바랍니다.

이 질문지를 제출하기 직전에 아이린 씨와 만날 기회가 있어 '과거'도 정화할 수 있는지 물어봤습니다. 호오포노포노는 정말로 어떠한 때라도 나에게 친절한 존재입니다.

정화를 계속하면 생각지도 못한(상상을 초월하는) 일이 일어나서 그것을 필연이라고 받아들이게 됩니다. 앞으로도 정화를 계속해 제로 상태가 되는 체험을 거듭하고 싶습니다.

핫토리 미레이(服部みれい)
문필가이자 시인. 마마 매거진 편집장. 쓰지 않는 물건이나 책을 취급하는 마마 북스 앤드 삭스를 운영. 저서로는 『새로운 자신이 되는 책』, 『새로운 식사 ABC』, 가토 토시로와의 공저인 『연애 호흡』, 『핫토리의 안 쓰는 물건 스타일 100선』, 『컨셔스그랑 캘린더 2015』, 『새로운 자신이 되는 수첩 2015』가 있다. ※모든 저서 한국 미출간.
홈페이지 http://hattorimirei.com

코야나기 리사

호오포노포노와 어떻게 만났습니까?

3~4년 전입니다. 하와이를 워낙 좋아했고 그곳에만 가면 이상할 만큼 기분이 좋아져서 '이건 무슨 느낌일까?' 하고 생각했습니다. 어쩐지 하와이는 공기의 흐름이 특별하고, 며칠마다 섬 전체의 공기가 바뀌듯 정화되는 것 같았습니다. 지인에게 호오포노포노 이야기를 들었을 때, '정화'라는 것이 하와이의 특별한 공기 흐름과 통하는 부분이 있는 것 같아 책을 찾아보았습니다.

며칠 뒤 우연히 타이라 아이린 씨와 만났고 친구가 되었습니다! 호오포노포노 덕분에 이런 관계를 맺을 수 있었다고 생각합니다.

일상적으로 실천하는 정화는 무엇입니까?

가능한 한 네 마디 말을 마음속으로 반복하려고 합니다.

추천하거나 좋아하는 정화 도구는 무엇인가요?

네 마디 말입니다. 하와이에 가면 해변가에서 호오포노포노 책을 다시 한 번 읽습니다. 마음이 편안해지고 치유하는 기분이 듭니다.

호오포노포노를 실천하고 가장 큰 변화를 느낀 것은 무엇입니까?

정신적인 변화입니다. 전에는 무엇이든 혼자서 다 안고 가는 성격이었습니다. 사람을 모아야 하는 일이 많기도 했고, 업무적인 부분도 생각해야 했습니다. 나의 일을 좋아하고 보람도 느꼈지만, 항상 열심히, 그저 열심히, 그 이상은 어렵다 싶을 만큼 심장이 터질 것처럼 달렸습니다.

휴가를 내서 휴양지 호텔에 도착하면 긴장이 한꺼번에 풀려서

인지 엉엉 울기도 했습니다. 마음과 몸이 정말 따로 놀고 있었습니다. 하지만 호오포노포노를 시작한 뒤로는 마음에 여유가 생겨서, 바쁘거나 문제가 발생하더라도 터질 것 같은 느낌은 사라졌습니다.

마음에 틈이 생긴 것입니다. 다른 일을 생각할 수 있는 공간이라고도 할 수 있겠고, 영감을 받는 공간 같기도 합니다.

몇 년 전에는 연소성 뇌경색 진단을 받았는데, 호오포노포노의 가르침이 큰 버팀목이 되었습니다. 있는 그대로를 받아들이는 것, 조기에 발견된 것, 지금도 전처럼 일할 수 있다는 것, 동료들과 가족의 지원을 받을 수 있다는 것에 진심으로 감사합니다.

당신과 우니히피리와의 관계는 어떻습니까?

일에 몰두하는 도중에 자꾸만 한숨이 나올 때는 우니히피리의 목소리라고 생각하며 받아들입니다.

호오포노포노 책 중에 추천하고 싶은 것은 무엇입니까?

『하루 한 번 호오포노포노-부와 건강, 행복을 부르는 하와이인들의 습관』입니다. 네 마디 말 중에 '고맙습니다'나 '사랑합니다'는 예전부터 중요한 단어라고 생각했기 때문에 다시 한 번 그 소중함을 확인하며 '맞네, 맞아' 하고 고개를 끄덕이며 읽었습니다.

앞으로 시작할 독자들에게 한 말씀 부탁합니다.

처음에는 깊게 생각하지 말고 시험 삼아 네 마디를 말해 보세요. 자신뿐만 아니라 주변 사람들에게도 친절해질 수 있습니다. 호오포노포노는 인간관계와 시간의 흐름까지도 원활하게 해 줍니다.

코야나기 리사(小柳リサ)
1974년 4월 3일 출생. 도쿄 출신. 패션 디자이너이자 디렉터. 2002년 'Happy한 기분이 된다'를 콘셉트로 캐주얼브랜드 rich를 설립했다.

나의
호오포노포노
스토리

정화 효과는 사람마다 다르겠지만,
모두 자기 자신을 좋아하고 사랑하게 되어 기분 좋게 지냅니다!
정화 중인 분들의 이야기를 들어 보았습니다!

걱정 없이 자연스러운 흐름을 따라가다 보니 이직 성공!

- 오오타 유코 씨, 28세

대학생 때 처음으로 호오포노포노를 알았지만 본격적으로 실천하기 시작한 건 2년 전쯤입니다.

이직을 생각하고 있을 즈음 KR 여사의 『호오포노포노 라이프』라는 책을 읽고 생활에 적용했습니다. 그때부터 아침저녁으로 네 마디 말을 반복했고, 호오포노포노 수첩도 사용하기 시작했습니다.

가장 큰 변화는 역시 이직입니다. 이미 한 번 포기했던 업계에 다시 도전해서 결국 원하던 회사에 들어갔습니다.

전에는 인간관계에 대해 고민하고 불필요한 걱정에 휩싸여 무엇이든 끌어안고 있는 성격이었는데, 정화하면서 내 안의 고민이 빠르게 해결되었습니다. 내게 맞는 것, 맞지 않는 것이 있다는 걸 알고, 자연스럽게 맡겨 둘 수 있게 된 것은 호오포노포노 덕분이라고 생각합니다.

이직한 다음에도 일 때문에 고민한 적이 있습니다. 때마침 부서 이동이 있었고 결과적으로는 제가 더 하고 싶었던 일을 하게 되었습니다. 새로운 부서로 옮긴 후 동료로부터 '오랫동안 근무한 것처럼 편안해 보인다'라는 말을 들었습니다. 실제로도 일이 정말 쉬워졌고, 나답게 일하고 있다는 느낌을 받았습니다.

현재 일하는 부서에서 재밌는 일이 있습니다. 주변의 기대에 맞추기 위해 억지로 노력하고 있으면 호오포노포노를 알지 못하는 사람이 '기대에 맞추려고 무리하지 않아도 괜찮아'라며 마치 호오포노포노의 메시지처럼 이야기해 준다는 것입니다.

우유부단한 성격이라 엄청 고민하고 또 고민한 다음 결정한 일인데도 그 답에 대해 다시 고민한 적도 있습니다. 지금은 먼저 이것저것 걱정부터 하는 게 아니라 그때그때 우니히피리에게 물어보고 영감에 따릅니다. 앞으로도 많은 일들이 생기겠지만, 정화를 통해 좋은 것까지도 내려놓는 것에 대한 불안이 없습니다. 진정한 나로 거듭나고 있음을 실감합니다.

나를 받아들이면
남도 받아들일 수 있다

- S 씨, 33세

작년 9월에 호오포노포노를 만났습니다. '잠재의식'이라는 말이 궁금해서 인터넷 검색을 하던 중이었습니다.

그때부터 계속 마음속으로 네 마디 말을 반복하고 있습니다. 당시에는 잘 풀리는 일이 없었습니다. 파티나 클럽에 다니는 등 화려한 생활을 하며, 내게 어울리는 일이라고 여겼고 실제로도 즐거웠습니다. 이런 도시 생활에 집착하고 있었지만, 언제부터인가 피곤함을 느꼈고 점차 여러 가지가 어긋나기 시작했습니다.

무언가를 해야만 한다고 스스로 단정하고, 주변의 시선을 신경 썼습니다. '이거 해야겠다, 저거 해야겠다' 하며 고군분투했습니다.

하지만 정화를 시작하니 놀라울 정도의 변화가 있었습니다. 자연스러운, 있는 그대로의 나라도 괜찮지 않을까 하는 생각이 들었습니다.

입고 싶은 옷을 입으면 되고, 무리해서 남의 의견에 맞출 필요도 없었습니다. 그렇게 점점 편안해지고 고민이 사라져 갔습니다.

예전에는 무언가 싫은 일이 있으면 주변 사람이나 환경을 탓하고 게을러졌습니다. 극단적으로 누군가를 좋아하고 싫어했습니다. 어떤 트러블이 생겨도 나를 돌아보지 않았습니다. 하지만 있는 그대로의 나 자신을 받아들이면서 주변 사람도 받아들일 수 있게 되었습니다. 정답은 모두 내 안에 있다는 사실을 호오포노포노가 처음으로 깨닫게 해 주었습니다.

예전의 나라면 피했을 법한 도시 외곽으로 이사했습니다. 도시에 살 때보다 훨씬 더 마음이 편안한 장소입니다. 동네에 있는 요가 학원도, 미용실도, 치과도 나에게 딱 들어맞는 기분 좋은 곳이라고 생각합니다. 마치 느긋하고 조용한 곳에 저절로 옮겨 온 기분이 듭니다.

잘난 척은 아니지만, 매일 행복해서 편안하고 즐겁다는 말을 하고 싶습니다. 앞으로도 계속 정화해서 나답게 살고 싶습니다.

구제불능이라고 생각했던 나, 삶의 고통을 해결하고 유연해지다

- 모이코 씨, 22세

1개월 전에 호오포노포노를 알게 되었습니다. 친구가 나에게 맞을 것 같다며 호오포노포노 책을 빌려준 것입니다. 실제로 내게 딱 들어맞는 내용이 있었습니다. 내가 기억에 사로잡혀 있다는 걸 알아차리고 괴로운 기억이나 좋은 추억도 네 마디 말로 조금씩 정화해 보았습니다.

그런데 이게 웬일일까요? 3일 뒤에 커다란 변화가 나타났습니다! 사실 그때까지만 해도 책의 내용을 제대로 이해하며 읽은 적이 없었습니다. 어떤 책이든 계속해서 나오는 단어들에 사로잡히고 거기에서 여러 가지가 연상되어 책을 끝까지 읽을 수 없었습니다.(호오포노포노 책은 처음부터 끝까지 단번에 읽을 수 있어 신기했습니다.) 하지만 책을 정화하며 읽었더니 술술 읽을 수 있게 되었습니다. 정말로 깜짝 놀랐습니다.

또한 평소에는 정리정돈을 좀처럼 할 수 없었는데 갑자기 지저

분한 공간이 견딜 수 없어져 블루 솔라 워터를 사용해 청소를 시작했습니다. 이런 갑작스러운 변화에 부모님과 남자 친구가 약간 의아해했지만 저는 그저 기뻤습니다.

나 자신을 계속 구제 불능이라고 생각했습니다. 대학 생활은 즐겁지 않았고 친구 관계로 고민하거나 교과과정을 잘 따라가지 못할 때도 있었고, 아침에 일어났는데 몸이 말을 듣지 않아 휴학한 적도 있습니다.

'저 친구는 원래 저런 애야'라고 일방적으로 친구를 단정 지었던 적도 있습니다. 남자 친구에게도 내 욕구만을 쏟아냈습니다. 부모님은 일 때문에 바쁘니까 집안일을 돕는 게 좋다고 생각하면서도 제대로 도운 적은 없었습니다. 언제나 자기혐오에 빠져 고민하고 감정에 짓눌려 있었습니다.

호오포노포노를 시작한 지 아직 1개월밖에 지나지 않았지만 '이건 뭐지?'라는 의문이 들 정도로 여러 가지 일이 편안하게 흘러간다는 느낌입니다. 부모님께 진심으로 돕고 싶다는 마음을 전했더니 '언제까지 유지될까?'라는 대답을 들었지만 말이지요.

매일매일 변화를 주는 호오포노포노와의 만남을 소중히 하고 싶습니다.

돈 문제도 내 기억. 반려견의 투병으로 깨달은 정화의 대단함

- 타이라 베티 씨, 55세

나는 SITH 호오포노포노 사무국의 대표를 맡고 있습니다.

호오포노포노와의 첫 만남은 2005년 친구의 추천으로 로스엔젤레스에서 수강했을 때입니다. 당시 저는 이른바 세미나 중독으로 다양한 심리 공부를 했습니다. 하지만 '내 인생은 이 정도면 돼' 하며 자기계발은 반쯤 포기한 상태였기 때문에 특별히 변화를 원한 것도 아니었습니다.

클래스에 참가해 정화를 해 보니 마치 묵념하는 듯한 조용함에 심신이 확 깨어났습니다. 이건 정말 대단하다는 감명을 받았습니다. 일본에 있는 모든 사람에게 알리고 싶다는 생각에 휴렌 박사를 초청한 것이 시작이 되어 오늘에 이르렀습니다.

직접 겪었던 많은 일 중에서도 경제적인 문제를 해결할 수 있었던 게 가장 기억에 남습니다.

나는 원래 유복한 집에서 태어났지만 그 뒤로 집안 사업이 크

게 망해 하루하루가 괴로웠습니다. 그리고 그만큼 돈에 대한 집착이 심해졌습니다. 이것을 깨닫게 해 준 것은 반려견의 죽음이었습니다.

반려견이 병을 앓고 있다는 것을 알고 나서 바로 유명한 동물병원을 찾아갔습니다. 반드시 낫게 해 주겠다는 일념으로 계속 병원에 다녔지만, 반려견은 점점 더 약해져만 갔습니다. 그때 느꼈던 슬픔과 동정을 성심껏 정화했지만 한편으로는 매번 지불해야 하는 치료비가 '비싸다'라고 생각하는 나를 발견했습니다.

반려견의 목숨이 돈에 비할 바가 아니라고 생각했기 때문에 당황스럽기도 했지만 우니히피리가 보여 주는 기억이라 생각하고 돈에게 '사랑합니다'라고 말하기 시작했습니다.

시간이 지나 친구에게 다른 병원을 소개받아 치료를 하러 갔는데 그곳은 반려견과 주인이 편안한 시간을 보내는 데 집중하는 병원이었습니다. 게다가 처음 통원했던 병원보다 병원비가 절반 이상이나 저렴했습니다. 돈에 대한 걱정을 내려놓았을 때, 금전적인 면은 물론 정신적, 기술적으로도 반려견과 저에게 딱 맞는 장소가 나타난 것에 큰 기쁨을 느꼈습니다.

남은 수명이 1개월이라고 진단받았던 반려견은 반년 이상이나 저와 함께 살며 마지막 여행을 떠나기 전까지 평온하게 지냈고, 우리 가족에게 따뜻한 시간을 남겨 주었습니다.

지금까지 마주하려 하지 않았던 '돈'에 대한 집착과 분노, 사로잡혀있던 마음을 정화할 기회를 준 반려견과 내 우니히피리에게 진심으로 감사합니다.

호오포노포노는 편안하게 살아가기 위한 도구입니다. 무리하게 긍정적인 생각을 할 필요도 없고 있는 그대로 나 자신을 받아들이고 사랑하면 됩니다. 좀 더 젊었을 때 호오포노포노와 만났더라면 하고 생각합니다. 더 좋은 엄마가 될 수 있을 텐데.

이런 생각도 정화가 필요하네요.

더 알고 싶다면

BOOK GUIDE

호오포노포노의 비밀
부와 건강 평화를 부르는 하와이인들의 지혜

이하레아카라 휴렌, 조 바이텔 지음 | 황소연 옮김
판미동 | 2011년 | 13,000원

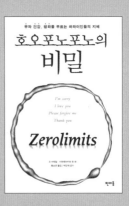

SITH 호오포노포노를 세상에 소개해 준 책. 끌어
당기는 법칙의 성공가로 〈더 시크릿〉에 출연한 저
명한 작가 조 바이텔이 하와이에 기적의 테라피스
트가 있다는 이야기를 듣고 휴렌 박사를 방문한
것에서 시작합니다. 조 바이텔은 휴렌 박사와 같이
있는 동안에 기적적인 일들을 체험하고 '개별 문제
는 과거 기억의 재생에 불과하며, 새로운 행동을
할 기회를 주기 위해 그 모습을 드러낸 것일 뿐'이
라는 호오포노포노의 진리를 깨닫습니다.

하루 한 번 호오포노포노
부와 건강, 행복을 부르는 하와이인들의 습관

이하레아카라 휴렌, 사쿠라바 마사후미 지음 | 이은정 옮김
판미동 | 2013년 | 11,500원

미국이 아닌 아시아 독자들 위해 처음으로 출간된 호오포노포노 책. 휴렌 박사가 호
오포노포노의 원점과 진수, 정화에 대해 자신의 정신과 시설에서 겪은 정화 체험 등
을 근거로 빠짐없이 전해 줍니다. '모든 것은 내 책임이다'라는 말은 인생은 스스로 만
들어 간다는 의미입니다. 휴렌 박사의 강력한 문장에 용기를 얻을 수 있는 책입니다.

우니히피리
호오포노포노로 만나는 '진정한 자신'

이하레아카라 휴렌, KR, 타이라 아이린 지음 | 임영란 옮김
지식의 숲 | 2011년 | 12,000원

휴렌 박사와 KR 여사의 '우니히피리'에 초점을 둔 책. 우니
히피리란 내 안에 있는 또 다른 나. 수많은 기억을 안고 있
는 잠재의식인 동시에 어린아이 같은 존재입니다. 이전의
책에서 휴렌 박사는 '기계적으로 정화를 실천하라'라고 서
술했고, 이 책에서는 한발 더 나아가 우니히피리와의 정화
에 대해 쓰고 있습니다. 우니히피리에게 말을 걸 때 본보기
가 되는 친절한 어투가 특징입니다.

호오포노포노 실천법
지금 나의 모든 것을 변화시키는 성공 원리

이하레아카라 휴렌, 가와이 마사미 지음 | 임영란 옮김
지식의 숲 | 2011년 | 12,000원

이 책은 '호오포노포노의 비즈니스 전환'을 테마로 하고 있습니다. 호오포노포노가 생각하는 비즈니스에서 성공이란, 진정한 의미에서 생명을 살아가는 것(진정한 나로 살아가는 것)이라고 해설합니다. 즉 금전적, 물질적인 풍요를 요구하는 비즈니스가 아닌 종합적인 풍요로움, 다시 말해 영적, 정신적, 신체적, 금전적, 물질적인 풍요로움 전부를 포함한 부를 가져다주는 것입니다. 여기에는 영혼이 서로 통하는 새로운 비즈니스 형태가 있습니다.

예지의 물방울

Dewdrops of Wisdom

모르나 나라마크 시메오나 Morrna Nalamaku Simeona
이하레아카라 휴렌 Dewdrops of Wisdom
카마일리 라파엘로비치 Kamaile Rafaelovich

예지의 물방울

모르나 나라마크 시메오나, 이하레아카라 휴렌, 카마일리 라파엘로비치 지음
호오포노포노 아시아 사무국 출판

SITH 호오포노포노의 창시자인 고(故) 모르나 나라마크 시메오나
여사, 이하레아카라 휴렌 박사, KR 여사가 만든 SITH 호오포노포노
의 원점이라 할 수 있는 책. 고대 호오포노포노가 셀프 아이덴티티
스루 호오포노포노(SITH)로 다시 태어났으며, 초기에 3명이 문장으
로 처음 만든 것이라고 합니다. 마치 시와 같은 아름다움을 가지고
있는 단어들로, 읽는 것만으로도 정화되도록 만들어졌습니다.

호오포노포노 라이프
진정한 나로 거듭나 풍요롭게 산다

카마일리 라파엘로비치 지음 | 타이라 아이린 옮김

KR 여사가 호오포노포노를 생활 속에서 어떻게 다루고 있는지 설명해 주는 책입니다. KR 여사의 친절하고 생생한 목소리가 들립니다. 이 책에서는 호오포노포노를 하면서도 현실에 맞게 제대로 대응하는 것이 중요하다고 설명합니다. 일, 연애, 결혼, 인간관계, 육아, 건강, 금전 등 많은 사람이 안고 있는 고민에 대한 조언과 상세한 정화 방법도 소개합니다. 요시모토 바나나 씨의 대담도 수록. (한국 출간 예정)

들어봐요 호오포노포노

타이라 아이린 지음 | 이하레아카라 휴렌 감수 | 김남미 옮김
판미동 | 2015년 | 12,000원

이 책 제2장에서 소개된 타이라 아이린 씨의 저서. 어머니인 타이라 베티 씨에게 호오포노포노를 배우고 휴렌 박사가 아시아 지역에 초빙되어 올 때까지 함께 일했던 아이린 씨가 자신의 체험 에피소드와 교류를 통해 깨달음을 준 휴렌 박사의 말들을 한 권으로 정리했습니다. 호오포노포노를 알기까지 영적 세계와는 거리가 멀었던 아이린 씨. 일반 사람들처럼, 평소의 감각으로 생활하면서도 호오포노포노로 나다운 빛을 내는 모습은 우리에게 좋은 본보기가 됩니다.

읽고 개운하게!
KR 여사에게 고민 상담

우리가 쉽게 갖는 인생의 고민에 대해 1문 1답을 해 주었습니다.

자기 자신

질문 ## 따돌림 당한 기억이 지워지지 않습니다.

어린 시절 따돌림 당한 기억이 문득문득 떠오릅니다. 그 기억이 떠오르면 네 마디 말을 반복하려고 하는데 잊히지 않습니다. 정화 방법이 잘못된 걸까요?

답변
**상처받은 경험의
정화는 우니히피리에게
말을 걸어 보세요.**

질문한 분도, 이 책을 읽는 분도, 그리고 나 역시 '따돌림에 관한 기억'이 있습니다. 그 래서 이런 경험을 하거나 경험에 대해 듣 는 것입니다. 그 어떤 것도 자신과 관계되 지 않은 것은 없습니다. 다만 이렇게 모든 존재가 기억을 가지고 있지만, 각자가 경험하는 방법은 다릅니다.

그중에서도 정화를 할 것인지 말 것인지, 그 선택지가 주어졌음을 떠올리는 것부터 시작해 봅시다.

어떤 모습이라도 '이건 내 기억이야'라고 말할 수 있는 건 이 세상에 단 한 명뿐입니다. 오직 당신만이 정화를 시작할 수 있습니다. 따돌림을 겪었다면 당시 학교 이름과 따돌림을 주도한 사람 이름, 선생님 이름, 그때의 체험 등 마음속에 떠오르는 것들 전부를 정화합니다. 따돌림을 보고 들었던 사람들은 그때의 느낌을 정화합니다. 기억해 두어야 할 것은 정화를 통해 문제의 진정한 원인이 되는 다른 기억까지 자연스럽게 당신의 우니히피리가 한데 모아서 정화해 준다는 것입니다.

당신이 따돌림 당했다는 체험을 정화한다고 생각했더라도, 사실은 당신이 겪는 모든 문제의 근본적인 원인이 나타나는 것입니다.

나는 상처가 된 체험을 정화할 때 우니히피리에게 말을 걸어 대화합니다. '이 기분, 슬픔, 공포, 아직까지도 내 안에 있었네'라는 식으로 말이지요. 나의 일부이기도 한 우니히피리야말로 오랜 시간에 걸쳐 기억을 안고 왔을 테니까요.

물론 시간이 지나도 괴로움이 계속될 수 있습니다. 괴로운 과거의 기억은 잘 지워지지 않습니다. 정화하는 행위의 가치는 그 기억을 자유롭게 돌려준다는 데 있습니다. 여기에서 '진정한 당신'이 나타나기 시작하니까요.

질문 외모에 자신이 없어요

외모에 콤플렉스가 있어 내 모습에 자신이 없습니다. 정말 예쁜 친구가 있는데 성격도 좋아 부러움에 질투가 나서 괴로울 때가 있습니다. 험담한 적도 있다 보니 내가 정말 최악이라는 생각이 듭니다. 외모 콤플렉스를 정화하는 방법을 알려 주세요. (20세 학생)

답변

**나의 감정과 체험을
솔직하게 정화해 보세요.**

우선 놀라운 점은 당신이 지금 당신의 상태를 알아차리고 깨달음을 얻었다는 것입니다. 그대로 덮어 버리지 않고 솔직하게 공유해 줘서 감사합니다. '아, 내 이런 점이 싫어'라는 체험이 있었으니까 일단 거기에서 정화해봅시다. 왜냐하면 '나는 이게 좋지 않아'라는 것조차도 기억이 재생하고 있기 때문에 나타나는 체험인 것입니다. 당신 안에 '이런 짓을 하는 나는 최악이야. 정말 싫다'라는 생각이 있더라도, 호오포노포노는 거기에서 멈추지 않습니다.

먼저 감정이나 체험을 솔직히 정화해 보세요. 아무리 자신이 나쁘다고 생각해도 한창 정화할 때는 우니히피리에게 친절하게 말을 걸어 보세요. 지금까지 쌓아오고 쌓여온 것들을 드디어 내려놓을 수 있도록 보여주는 것이니까, 당신이 해야 할 일은 성실하게 그 체험을 정화하는 것입니다.

예를 들어 자신의 외모 콤플렉스를 정화해 가는 과정에서 부모님의 마음과 차별적인 체험을 문득 떠올렸다면 그것을 하나씩 하나씩 정화해 나갔으면 합니다. 머리로 '이건 정화, 이건 정화하지 않을래'라고 구별하지 않습니다.

또 외모 정화에서 중요한 것은 당신 몸도 당신의 말을(입 밖으로 소리 내어 말하지 않더라도) 듣고 있다는 점입니다. '내 코가 싫어'라고 마음속으로 생각했다면 그 말을 당신의 코가 듣습니다.

나라면 '코가 싫다는 체험을 합니다. 사랑합니다. 사랑합니다'라고 그 체험을 향한 정화를 계속합니다. 이상하다고 생각될지 모르지만 이런 생각을 끝없이 잡고 있는 것은 다른 사람이 아닌 당신 자신입니다. '사랑합니다. 고맙습니다'라고 말하고 당신과 당신 코 사이에 있는 기억을 정화하세요. 당신의 코도 하나의 정체성을 갖습니다. 그러니 당신부터 기억을 내려놓으면 코 또한 그대로 내려놓을 수 있습니다. 그렇게 반짝이는 여성과 남

178

성을 연령과 상관없이 지금까지 몇 명이나 봤습니다. 문제가 되는 것은 당신의 기억입니다.

또 하나, 타인에 대한 질투와 부러움을 느낀다고 이야기했었죠. 그것은 정말로 모든 사람이 공통적으로 지니고 있는 기억이라고 생각합니다.

가장 중요한 것은 당신이 그것에 매달린 채로 살 것인지, 질투를 느끼는 동안 정화를 할 것인지이고, 그 선택지는 당신에게 주어졌습니다. 질투를 느끼면 정화합니다. 분노를 느끼면 정화합니다. 죄책감을 정화합니다. 정말로 단순하게 들릴지 모르겠지만 자신 안에 쌓여 있는 불필요한 기억을 정화해 나가면 당신은 당신이 본래부터 가지고 있는 아름다움, 빛, 솔직한 친절함을 점점 더 표현할 수 있게 될 것입니다.

질문 팔방미인인 척하는 내가 지긋지긋합니다

다른 사람들에게 미움 받고 싶지 않아 주변 사람들을 언제나 밝은 얼굴로 대합니다. 하지만 나는 사실 나 자신을 독설가에 음침한 사람이라고 생각합니다. 팔방미인인 척하는 나에게 싫증이 나지만, 정말 말하고 싶은 것을 말해버리면 모두를 적으로 만들 것 같아 무섭습니다. 진짜 나는 대체 어떤 사람인지 알 수가 없습니다. 무엇을 정화하면 좋을까요? (25세 회사원)

답변
아침, 하루를 시작하기 전에 정화를

어떤 상태에 있더라도 결국 호오포노포노의 기본을 떠올렸으면 좋겠습니다. 나는 대체 어떤 사람인가. 나 자신을 잃어버린 기분이 들거나 스스로를 좋아하지 못할 때에는 호오포노포노의 기본 표(39쪽)를 보고 문제가 발생하는 이유를 다시 인식해 보세요. 오랜 시간 정화하고 있는 나도 매일 그 표를 보며 다시 한 번 확인하곤 합니다.

자신을 잃어버렸을 때야말로 우니히피리와의 협력이 꼭 필요합니다. 감정이 너무나도 많이 쌓여서 우니히피리가 혼란스럽기 때문에 일어나는 체험이기 때문이죠.

아침에 일어나 하루를 시작하기 전에 정화를 하는 것은 매우 중요합니다. 집에서 나가기 전에 정화하고, 출근길 전철 안에서도 정화합니다. 바빠서 호오포노포노를 잊어버리곤 한다면, 여느 때와 같이 평범한 하루를 시작하기 전에 정화합니다. 그리고 우니히피리에게 '정화하고 있어'라고 말하며 안심시킵니다. 이제 모든 것들이 자연스럽게 원래 있어야 할 곳으로 돌아갈 것이며 동시에 안정을 찾을 것입니다.

여러분과 상담하며 특별히 신경 쓰인 점이 있습니다. '말하고 싶은 것을 참는 행동은 좋지 않다. 말하고 싶은 것을 말하지 못하는 내가 싫다'라는 체험에 대해서입니다.

어떤 말을 하고 싶은데 말하지 못하는 괴로움은 틀림없이 우니히피리가 안고 있는 기억입니다. 당신에게 계속 말을 걸었는데 무시당해서 생긴 괴로움일지도 모릅니다. 다짜고짜 회사 내에서 하고 싶은 말을 해 버리는 것보다 우선은 이 괴로움을 우니히피리와 함께 정화하는 것이 가장 중요하다고 생각합니다.

연애

질문 **똥차만 만나요**

남자 운이 없는 것 같습니다. 이번에야말로 멋진 남성을 만날 수 있을 거라 생각해 사귀기 시작하면 속아 넘어간다거나, 금전적 문제나 폭력 문제가 생기는 등 똥차만 꼬입니다. 제발 조언해 주세요. (30세 판매원)

답변
남성을 향한 기대를 내려놓기

이 질문을 받고 내 안에서 정화하고 있는 도중 떠오른 것은 '기대'입니다. '이런 사람과 만나면 나는 이렇게 행복해질 거야, 틀림없이 행복해질 거야'라는 기대를 하는 것은 아닐까 싶습니다.

호오포노포노에서는 어떤 사람에게든 정화 기회를 주기 때문에 만난 것이라고 생각합니다. 그 순간 당신이 어떤 남성에게 반해서 같이 있다가, 그 남성이 이른바 똥차로 눈앞에 나타난다면 그 체험은 다른 사람이 아닌 당신 스스로가 정화해야 합니다.

데이트하기 전에 정화하는 것은 중요한 일입니다. 정화하면서 당신이 먼저 정돈됩니다. 일부러 진한 화장을 하거나 익숙하지 않은 신발을 신는 것보다 '진정한 당신'으로 있을 때가 매력적입니다. 데이트 중에도 문득 깨닫는 것들을 정화합니다. 예를 들면 조금 전에 식당에 들어갈 때 문을 열어주는 배려를 바란다거나 데이트 중에 머릿속을 떠다니는 여러 가지 생각들이 있다면 정화 도구를 사용해도 좋으니 그 생각들을 그때그때 먼저 정화하세요. 우니히피리에게 말을 거는 것도 좋습니다. '지금 상처받았다'라고요. 감추지 말고 먼저 내 안에서 정화하면 자신에게 가장 완벽한 것이 우니히피리를 통해 전달될 것입니다. 입으로 같은 말을 몇 번이고 반복해서 상대에게 여러 가지를 전달하기보다, 당신의 우니히피리에게 메시지를 전달하면 완벽한 모습으로 상대에게 전달해 줍니다.

'이 사람은 이런 걸 고치지 않으면 나와 결혼할 수 없어. 이 부분이 나중에 반드시 문제를 불러올 거야'라고 생각을 입 밖으로 꺼내지 않더라도 그 기운이 상대에게 전달된다는 것을 알고 있나요? 상대방이 진정한 나를 표현하고 싶어도 그렇게 하지 못하는 이유는 어쩌면 당신이 원인인지도 모릅니다. 우선은 당신 안에 있는, 남성에 대한 모든 기대를 정화해 보세요. 신기하게도 당신과 우니히피리 관계가 밖으로도 투영될 거예요.

질문 **불륜을 멈출 수가 없어요**

오랫동안 불륜을 저지르고 있습니다. 몇 번이고 헤어진 적이 있지만, 몇 개월 지나면 외로워져서 내가 먼저 연락해서 다시 만납니다. 행복한 결혼을 하고 가정을 꾸리고 싶은데 어떻게 해도 벗어날 수가 없어요.

답변
**'사랑합니다. 사랑합니다'
라고 우니히피리에게
이야기해 보세요.**

호오포노포노에서는 기억의 좋고 나쁨은 없습니다. 사람이 좋아지거나 싫어지거나 하는 것은 모두 기억이 재생되고 있기 때문입니다. 이것은 나쁜 일이 아닙니다. 내 안에서 무언가 강한 기억이 재생되고 그것이 현실에서 누군가를 좋아하게 되는 형태로 나타나는 것입니다.

마찬가지로 그 체험을 정화합니다.

'아무리 해도 벗어날 수 없어. 그만두고 싶은데 그만둘 수 없어. 다시 만나게 돼' 이런 것도 전부 자신 안에 있는 기억이 재생되어 체험으로 나타나는 것입니다. 상대가 머릿속에서 지워지지 않을 때는 잠깐이라도 우니히피리에게 말을 걸어 보세요. '사랑합니다. 사랑합니다'라고요.

기억은 지워지고, 당신 안에 원래부터 있던 침착함이 그 모습을 드러낼 것입니다. 어떤 의미에서는 인간관계도 중독이라는 상태로 나타나는 경우가 있습니다. 그럴 때는 블루 솔라 워터도 추천합니다. 샤워할 때 블루 솔라 워터를 사용해 보세요.

자신을 정화하며 소중하게 다루면 당신에게 진정으로 소중한 것이 다가올 것입니다.

질문 # 남자 친구의 바람

남자 친구의 바람기가 너무 심해요. 정화로 멈출 수 있을까요?

답변
바람을 피우는 남자 친구를 체험하고 있는 자신을 정화해 보세요.

호오포노포노는 누군가를 변화시키는 것은 아닙니다. 내 남자 친구가 바람을 피우는 체험을 하고 있는 자신의 기억을 정화하세요.

다른 누군가가 아닌 당신이 그 체험을 하고 있어서 그 상황에 놓인 것이므로, 그 문제에서 어떻게 탈출할 것인지에 초점을 맞추세요.

정화는 효과적입니다. 남자 친구가 바람을 피우는 모습을 통해 당신이 체험하고 있는 분함, 슬픔, 질투, 자신의 상실, 분노 같은 감정들, 무엇이든 간에 성의껏 정화합니다.

'남자 친구의 바람기를 어떻게 없앨까' 하는 생각으로 남자 친구를 바꾸려고 하지만 여전히 바람피우는 남자 친구를 체험하고 있는 자신, 바람을 피우는 사람을 좋아하는 자신과 직접 마주하는 것이 현명하다고 생각합니다.

당신은 남자 친구라는 사람을 살고 있는 게 아니잖아요? 남자 친구를 변화시키지 않아도 괜찮습니다. 당신 안에 있는 기억과 불순물을 아주 많이 정화해서 먼저 당신 자신으로 거듭나야 한다는 걸 명심하세요. 당신이 당신에게 할 수 없는 일은 다른 누구도 해줄 수 없습니다. 당신이 당신을 사랑하지 않으면 다른 누구도 진정한 사랑을 주지 못합니다.

일

질문 일에 보람을 느끼지 못해요

디자이너의 꿈을 포기하고 다른 업종에 취직해 일하고 있습니다. 매달 월급을 받고 있고 직장에 감사함도 느끼지만 일에 보람을 느끼지는 못합니다. 디자이너가 될 만한 재능이 없음을 알고 있고 스스로도 마음을 다잡았는데, 꿈을 포기한 것에 대해 아직도 상처 받고 있는 걸까요? (27세 회사원)

답변

다음 길은 당신의 정화에 달렸습니다.

호오포노포노가 당신에게 보여 주는 것은 '진정한 나'입니다. 지금까지 자신이 쌓아 왔던 모든 필요 없는 기억을 내려놓고 정말로 해야 할 일을 하는 '흐름'을 정화를 통해 얻을 수 있습니다.

당신에게 정말로 올바른 것, 해야만 하는 것들이 정화의 연장선에서 매일 자연스럽게 나타나고 있는 상상을 해 보면 좋을 것 같습니다.

다시 '디자이너'가 되어 일해야 할지 모르겠다는 생각은 당신의 본래 상태이기도 합니다. 억지로 꿈을 포기하거나 지금 일에서 불만을 찾기보다, 당신이 지금 디자이너가 되고 싶다는 꿈에서 받게 되는 모든 체험을 정화해야 합니다. 예를 들어 상처 받거나, 포기하거나, 흥분하거나, 두근거리거나, 자신을 잃어버리는 등의 모든 것들을 정화하는 일이 당신과 '디자이너가 되고 싶다는 꿈'이 만나는 진정한 의미입니다.

그 정화의 연장선에서 꿈이 이루어질지도 모릅니다. 또는 그것을 정화해 현재의 직장에서 완벽한 파트너와 만날 수 있을지도 모르고, 다른 하고 싶은 일이 생길지도 모릅니다. 당신의 정화로 다음에 어떤 길이 열릴지 우리는 모릅니다. 다만 영감에 따라 열린 길은 당신에게 완벽한 길이 됩니다. '디자이너가 되고 싶다는 꿈'이 당신에게 보여 주는 여러 가지 체험을 정화하고 더 반짝반짝 빛을 발하세요!

한 발자국 뒤로 물러나 지금 자신이 있는 직장을 바라보세요. 현재 직장에 감사한다는 사람은 별로 없으니까요. 세상은 당신에게 '안녕!' 하며 길을 보여 주고 있는 것인지도 모릅니다. 현재 직장을 정화하고 '진정한 나'로 거듭나세요.

질문 근무하는 직장이 계속 도산합니다!

세 번째 직장을 다니고 있습니다. 전 직장 두 곳은 도산했습니다. 지금 직장도 상황이 좋지 않아 도산할 것 같다는 불안감이 있습니다. 직장을 선택하는 방법에 문제가 있는 걸까요. 아니면 나에게 문제가 있는 걸까요? (30세 회사원)

**답변
직장에 대한 특정한 판단이나 생각을 정화합시다.**

문제를 향한 당신의 시선이 정말 대단하다고 생각합니다. 당신이 언제나 그런 상황에 처하고 있다면 '혹시 내 안에 문제의 원인이 있는 것은 아닐까'라는 것이 호오포노포노의 시작이니까요. 어쩌면 매번 취직하는 직장에 특정한 판단을 내리거나 생각을 한 건 아닐까요? '이런 업종의 회사니까 ○○○겠다' 식의 생각이 든다면 그것을 성실히 정화해 보세요.

당신뿐만이 아니라 다른 사원, 경영자, 거래처의 여러 판단과 생각에 짓눌려 회사 본래의 역할과 재능이 그 기능을 하지 못하고 있는 것인지도 모릅니다.

회사도 사람처럼 정체성이 있습니다. 많은 기억에 짓눌려 있으면 잘될 수가 없습니다. 당신이 매일 직장을 통해 체험 중인 것, 전 직장이 도산한 체험에서 얻은 생각들을 정화하면 먼저 당신이 자유로워지고, 현재 다니는 직장과 전 직장의 기억은 지워질 것입니다.

꼭 정화하길 바라는 게 있습니다. 회삿돈이 관리되고 있는 모든 매개체입니다. 은행, 신용카드, 경리부 등의 정보. 이들의 이름을 적고 그저 '사랑합니다'라고 마음속으로 말합니다. 자신의 월급도 같은 방법으로 정화하면 좋습니다.

질문 동료의 승진이 불공평하게 느껴져요

동기의 승진을 보고 있자니 분해서 못 참겠습니다. 제가 더 성과도 좋고 실력도 낫다고 생각합니다. 그런데 그녀는 동기들에게도 인기 있고 모두에게 사랑받습니다. 불공평하다는 생각뿐만 아니라 저만 손해 보고 있다는 생각이 듭니다.

답변

회사에서 집으로 돌아갈 때, 집에 들어가기 전에 정화를… 이것은 알아차리고 말고를 떠나 오랜 역사 안에서 반복되는 기억입니다. 우리 모두가 어딘가에서 연관되어 있는 문제입니다. 남성 또는 연상에 의한 지배, 여성이 지니고 있는 부자유, 불평등한 체험, 비교나 차별 등 이러한 기억들이 보여 주는 결과라고 생각합니다.

먼저 회사 사람들과 관련된 자연스러운 생각들을 정화해 봅시다. 지금까지 겪고 듣고 상처 받은 체험과 내가 가진 생각들까지도.

퇴근하고 귀가할 때, 그리고 집에 들어가기 전에 정화하길 바랍니다. 정화했다고 해서 바로 기분이 좋아지지는 않겠지만 그래도 정화하는 것만으로도 좋습니다. 귀가 전의 정화로 상황은 상당히 변해 갈 것입니다.

매일매일 가능한 한 자신을 향해 '사랑합니다'라고 말해 보세요. 마음을 다하지 않아도, 그저 말만 해도 괜찮습니다. 이 말은 당신의 우니히피리에게 전달되어 불필요한 기억을 지우고 본래의 완벽한 상태로 밖으로 나오게 됩니다.

그럴 때 상사도 동료도 기억을 통해 당신을 보는 것이 아니라, 영감으로 당신을 보게 될 것입니다. 지금 상황이 힘들다는 것을 압니다. 하지만 오랜 시간 모든 존재가 쌓여 겪게 되는 괴로운 기억을 드디어 내려놓을 수 있는 기회를 알아차리게 된 것입니다. 정화해 보세요.

부모

질문 엄마와 성격이 맞지 않아요

엄마랑은 옛날부터 대화가 되지 않았습니다. 엄마는 자신의 생각을 무엇이든 입 밖으로 내뱉는 사람입니다. 그때마다 상처를 받았습니다. '그런 말투는 안 썼으면 좋겠어'라고 부탁해 봐도 '무슨 소리야'라며 웃기만 할 뿐 씨알도 안 먹힙니다. 성인이 되어 독립한 뒤로는 엄마와 거리를 두게 되었지만 앞으로 엄마도 늙어 갈 것이고, 가족으로서 이 상태를 유지하는 것은 안타깝다는 생각이 듭니다. 관계를 어떻게 풀어 나가면 좋을지 모르겠습니다. (37세 교사)

답변
어머니와 대화하기 전에 정화해 보세요.

가족과 문제가 있더라도 호오포노포노에서는 먼저 자기 자신을 정화합니다. 어느 가족이든 이들은 '가족의 유대'로 묶여 있습니다. 유대라는 말을 그저 좋은 뜻으로 받아들일 수도 있겠지만, 호오포노포노에서는 '유대'도 레드 코드, 즉 굴레처럼 보고 기억으로 정화합니다.

머나먼 옛날, 대체 어떤 관계였는지는 모르지만 당시 정화되지 못했던 여러 기억이 남겨져 이번 생의 가족으로 만나게 되었습니다. 문제가 생기는 건 당연합니다. 정화해야 할 기억을 보여 주는 것입니다.

먼저 어머니를 봅시다. '그녀'가 반드시 어머니는 아닙니다. 즉 누군가의 언니 또는 동생이면서 누군가의 아내, 누군가의 친구입니다. 당신에게는 어머니이지만 그녀는 한 명의 인간으로서 동시에 여러 가지 역할을 체험하고 있습니다. 그녀 자체는 본래 완벽합니다. 당신과 마찬가지로 기억을 재생하며 기억에 치이고 있습니다.

당신과 함께 있을 때 그녀는 '어머니'로서 체험하면서 여러 기억들에게 이야기하고 있습니다. 하지만 그때의 그녀에게 상처를 받고 화를 내고 있는 것은 당신이지 않나요? 그러니 당신만이 정화할 수 있습니다. 정말로 굉장하다고 생각하지 않나요? 당신에게 정화된 기억은 어머니에게서도 지워집니다. 처음에는 아무것도 바뀌지 않았다고 생각할지 모르지만 점차 우선은 당신 자신이 변하겠죠.

요령을 알려 드리자면 일단은 어머니와 대화하기 전에 정화해 보세요. 네 마디를 반복하는 것도 좋고, 함께 살고 있다면 자기 방을 나가기 전에 HA 호흡법을 해 보는 것도 좋습니다. 아침밥을 함께 먹으며 대화하기 전에 우선 자신을 호오포노포노를 통해 정리하기 시작하는 것이 좋겠지요.

또 한 가지, 매일매일 당신 안의 '어머니'에 대한 기대를 정화해야 한다는 걸 명심하세요.

'엄마라면 친절하게 이야기해 줘야 하는 거 아니야? 다른 엄마들처럼 친절하게 이야기해 줬으면 좋겠어. 그렇게 해야만 해⋯⋯' 이렇듯 우리는 매일 자기도 모르는 사이에 상대방에 대해 '이러는 게 당연해! 저러는 게 맞는 거야'라며 기대나 판단을 합니다. 어쩌면 이런 것이 상대방의 진정한 표현을 가로막고 있는 것인지도 모릅니다.

저는 8명의 손자손녀가 있는 할머니 역할을 하고 있지만 동시에 내 어머니와 만날 때는 딸의 역할을 체험하고 있습니다. 이 나이가 되어서도 나에게는 '엄마'인 어머니와 접할 때 정말 많은 정화를 한답니다. 정화를 한 다음 대화하거나 만나면, 상대방도 자신도 한 명의 매력적인 여성으로서 나타나기 시작합니다. 이럴 때 문득 '정말로 사랑받고 있구나'하고 생각하며 행복을 체험합니다.

당신과 우니히피리가 손을 잡고

당신 내면의 가족과 만날 때

'진정한 나'의 모습이 더욱 확실하고 선명해져 갑니다.

이것이야말로 우주가 당신에게 주는 재산입니다.

드디어 정화 여행이 시작됩니다.

여행을 시작하게 된 여러분은

앞으로 어떤 문제와 만날 때

마음속 어딘가에 정화를 놓아두기 바랍니다.

정화,

정화,

내려놓기,

내려놓기,

당신 내면의 항구로 돌아갑시다.

나의 평화

이하레아카라 휴렌